ヨーロッパ国際列車 追跡乗車記

Travelogue of Trans Europ Express

南 正時
Masatoki Minami

旅鉄 BOOKS

天夢人
Temjin

ヨーロッパ国際列車追跡乗車記

contents

※本書は主に1970年代～1980年代までに著者が乗車し、または撮影した西ヨーロッパを走っていた国際列車についてまとめた一冊です。当時、著者が撮影した写真で構成しておりますが、複数回乗車した列車もあり、掲載列車のイメージとして異なる乗車機会の写真などを組み合わせてまとめています。時刻表は1980年のものを中心に掲載していますが、写真の列車、年代とすべてが一致するものではありませんのでご了承ください。

はじめに

プロの写真家として新しい被写体を求めて取材した、ヨーロッパの鉄道

1977年に2度目の渡欧で念願のライン川を行くTEE(Trans Europ Express)の「ラインゴルト」を撮影しました。

プロの写真家として生きてゆくためには常に新しい被写体を求めて取材旅行に出かけるものです。それは未知の世界の列車でもありました。取材してきた写真は真っ先に鉄道雑誌に売り込みましたが「ふん、海外モノなんて……」などと、玄関先で追い払われました。

取材してきたヨーロッパの鉄道に、まず目を向けてくれたのが新聞社系の大形グラフ誌でした。出版写真部長が私の取材を高く評価してくれて、特集を組んで数回に分けて掲載して頂いたのです。さすが、新聞社系の世間の反応は大きく、鉄道誌以外のメディアから多くのオファァを頂き、1983年10月にはテレビ朝日開局25周年特別番組、アニメと実写の合成によるテレビ朝日開局25周年特別番組で初のアニメと実写のCG合成による作品「藤子不二雄スペシャル ドラえもん・ヨーロッパ鉄道の旅」(製作・シンエイ動画・テレビ朝日)としてテレ

ビ放映されました。また映画系出版社のグラフ誌で、映画マスコミ誌の「鉄道別冊」でも取り上げていただきました。その縁から映画雑誌を刊行している出版社がプロデュースした映画作品「ヨーロッパ特急」（1984・大原豊監督・武田鉄矢主演・東宝配給）の製作が決定。これはヨーロッパ鉄道を撮影に行った鉄道写真家をテーマにした映画でした。

TEEが注目されるきっかけとなったこの二作品の始まりのシーンは、いずれも主人公がアムステルダムからTEE「エトワール・デュ・ノール」に乗りパリに向かうところから始まります。このシーンは私が実際に乗車した本書の「エトワール・デュ・ノール」の取材が原案となっています。

そのような経緯を経て、一躍広くTEEの存在が日本国内にも知られるところとなったのです。以後、私は精力的に渡欧してTEEの終焉を見届け、超高速鉄道のTGVやドイツのICEなどの開業に立ち合ってきました。

この本には私の取材の初期に乗車し、撮影した1970年代後半から1980年代前半のTEEを中心とした西ヨーロッパの国際列車を収録しています。優雅な車内に、食堂車での食事、国境越えの瞬間など、今となってはもう体験することのできない、国際列車の世界をお届けできればと願い、一冊にまとめております。

南正時

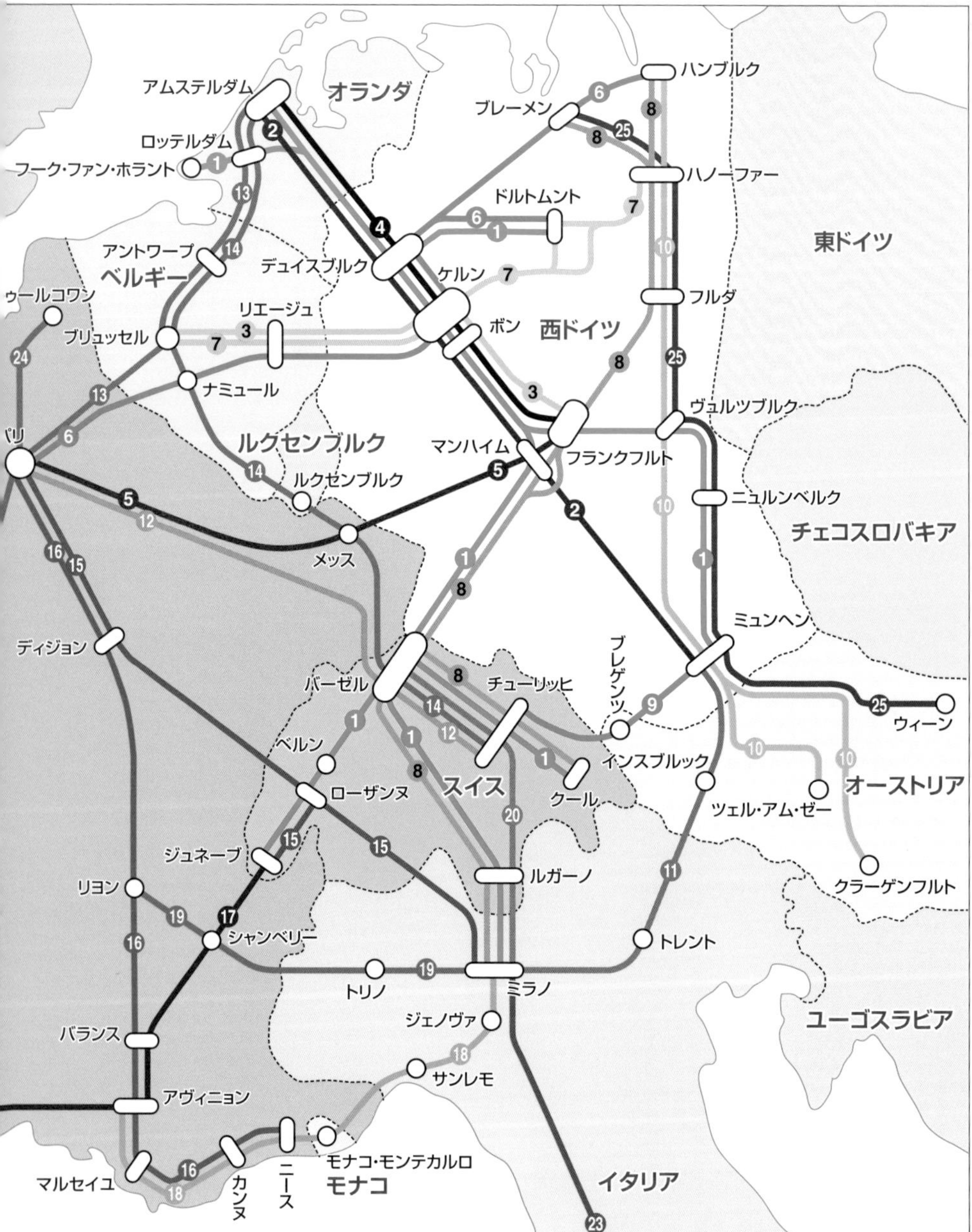

※運行期間によってルートが大幅に異なる列車は、運行期間を表記しています。1970年代半ばから後半にかけて走った、主要なTEEのルートをまとめた路線図です。

主要路線図

国境を越え、西ヨーロッパを走っていたTEE。
主要な列車を一枚の路線図に。

番号	駅名	ページ
1	ラインゴルト	P12
2	レンブラント	P96
	ヴァン・ベートーベン	P97
	エラスムス	P97
3	サフィール	P96
4	ハインリッヒ・ハイネ	
5	ゲーテ（1970〜1975年）	
6	パルジファル	
7	ディアマント（1965〜1976年）	
8	ローラント	P97
9	バヴァリア	
10	ブラウエル・エンツィアン	
11	メディオラヌム	P64
12	アルバレート	P99
13	エトワール・デュ・ノール	P38
	イル・ド・フランス	P98
	オワゾ・ブルー	P98
14	イリス	
	エーデルヴァイス	P99
15	シザルパン	P44
16	ミストラル	P32
	ロダニアン	P98
17	カタラン・タルゴ	P78
18	リギュール	P74
19	モン・スニ	
20	ゴッタルド	P88
21	アキテーヌ	P48
22	キャピトール	P99
23	セッテベロ	P56
	ベスビオ	P68
	アンブロシアーノ	P72
24	ヴァトー	P99
25	プリンツオイゲン	P96

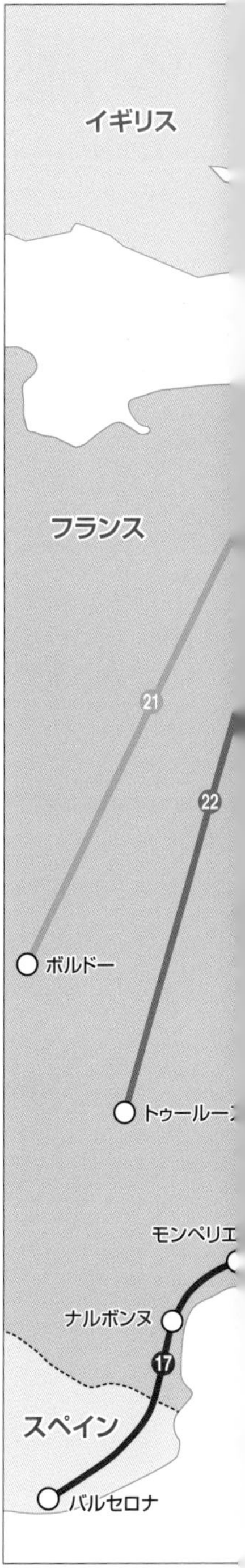

の誕生から衰退まで

航空機に対抗する そのための高速列車が求められた

第二次大戦後、飛行機の台頭によってヨーロッパで長距離国際列車の衰退が始まる中、1953年にオランダ国鉄の総裁デン・ホランダー博士(Frans den Hollander)が、「ヨーロッパ都市間急行列車」を提案した。デン・ホランダーは、300㎞から500㎞程度の距離であれば高速化する直通列車によって航空機に所要時間の面で充分対抗できると考えた。デン・ホランダーの提案は国際鉄道連合で検討され、列車の規格が統一されて1957年にTEEといわれる列車が運行を開始した。TEEとは「Trans Europ Express」(トランス・ヨーロッパ・エクスプレス)、つまり「ヨーロッパ国際急行列車」である。

TEE運行の取り決めによると最高速度は時速140㎞以上で、当日に目的地に到達できる昼行列車であること、すべて1等客車であり温かい食事が供される食堂車またはビュッフェを連結していること、さらにTEEでは国境通過の出入国管理の諸手続きなどは原則として走行中の車内で行えるよう

1957年〜1991年、TEE

にされた。また西ドイツの「ラインゴルト」では車内において電話や秘書によるタイプセットなどのサービスが行われるものもあった。高速で豪華な列車を運行することで航空機に移行しつつあった高級ビジネス客をつなぎ止め、取り戻そうというものであった。

三つの丸が国々を結ぶという意味が込められたTEEのロゴ

ドイツの初期TEEを担った、
ディーゼル動車VT601

時速１４０㎞で疾走するディーゼル動車から さらに高速化し時速２００㎞まで進化した

運転開始時の主なＴＥＥは国情に合わせてディーゼル動車が使用された。オランダとスイス間には「エーデルヴァイス」、フランスでは「アルバレート」「モンスニ」、西ドイツでは「ヘルヴェティア」「ラインマイン」、イタリアでは「リギュール」「メディオラヌム」などのディーゼル動車によるＴＥＥが運行された。

ＴＥＥの最高速度は１９５７年当時、時速１４０㎞だったが、車両の性能向上や高性能機関車の登場によって速度アップされて１９７０年代になると時速１６０㎞から時速２００㎞になった。これらの利便性向上によってＴＥＥは１９７０年代半ばには定期列車は最大45往復が運行されて全盛を極めた。

しかし、すべて1等車のＴＥＥはハードルが高く、１９７９年に2等車連結のインターシティ（ＩＣ）が登場するとＴＥＥ列車ではＩＣに移行する列車も現れ始めた。さらにフランスのＴＧＶ、ドイツのＩＣＥ、イタリアのペンドリーノなど時速２００㎞以上の超高速列車が登場すると、飛行機に対抗するはずだったＴＥＥの存在感は薄れ、１９８７年にはＴＥＥ「ラインゴルト」がＩＣＥの登場により廃止され、最後までＴＥＥとして残ったパリとトゥールコワン間を結んでいた。

国際色豊かなことが一目瞭然だった「ラインゴルト」の行先表示

Chapter I

西ドイツ車両の

TEE

TEE Rheingold
ラインゴルト

DATA

Rheingold

運行期間	1965～1987年
運行区間	アムステルダム～ジュネーブ
運転距離	1142km
所要時間	約10時間55分

新緑のライン渓谷を行く「ラインゴルト号」のフル編成。コブレンツ近郊（1978年撮影）

DB
103 125-1

ノスタルジーラインゴルト
ツアー列車として運行された、動態保存された戦前のラインゴルト客車（1978年6月撮影）

アムステルダム中央駅
東京駅のモデルになったとも言われる荘厳なレンガ造りの駅舎だ

オランダ編成 アムステルダム中央駅を2両編成で発車したラインゴルト。ユトレヒトでフーク・ファン・ホラントからの客車と連結されドイツに向かう（1977年6月撮影）

まさにTEEの代表列車
車窓風景は絶景の連続

「ラインゴルト」はオランダ、ドイツ、スイス（一部はオーストリア）の各国を走り抜く昼行国際列車で、数

Rheingold《ラインゴルト》 時刻表

オランダ		
アムステルダム中央 Amsterdam CS	発	7:53
ユトレヒト Utrecht	着	8:25
	発	8:28
アルンヘム Arnhem	着	9:00
	発	9:03
ドイツ		
エメリッヒ Emmerich	着	9:20
	発	9:31
デュイスブルク Duisburg	着	10:08
	発	10:09
デュッセルドルフ Dusseldorf	着	10:21
	発	10:22
ケルン Koln	着	10:46
	発	10:49
ボン Bonn	着	11:08
	発	11:09
コブレンツ Kobrenz	着	11:42
	発	11:43
マインツ Mainz	着	12:33
	発	12:35
マンハイム Mannheim	着	13:17
	発	13:19
カールスルーエ Karlsruhe	着	13:49
	発	13:50
バーデンバーデン Baden-Baden	着	14:04
	発	14:05
フライブルク Freiburg	着	14:52
	発	14:53
バーゼル・バディッシャー Basel Badischer	着	15:30
	発	15:32
スイス		
バーゼル・SBB Brussels Nord	着	15:37
＊当駅でクール（Chur）行き・ミラノ（Milano）行きを分割	発	15:52
ベルン Bern	着	17:02
	発	17:04
ローザンヌ Lausanne	着	18:09
	発	18:15
ジュネーブ Geneve	着	18:48

ラインゴルトに乗務する
西ドイツ国鉄の車掌

ケルン　有名なケルンの大聖堂をバックにケルン中央駅を出発する
103形電気機関車牽引の列車

ライン川沿いを走るラインゴルト。車窓の美しさは
他のTEEと比べても勝っていた

103形　西ドイツ国内では最高速度200km/h対応の
103形が牽引した

あるTEEのなかにあってその車窓風景は他の列車の追随を許さない絶景の連続であった。列車名はドイツの楽劇王、リヒャルト・ワーグナーによる壮大なオペラ『ニーベルングの指輪』の序章『ラインの黄金』に由来しており、文字通りTEEの王道を行くヨーロッパを代表する国際列車であった。

ラインゴルトは1928年にオランダのフーク・ファン・ホラントとスイスのバーゼルを結ぶ列車として登場し、第二次世界大戦による中断を挟んで1987年まで運行された。1962年にはドームカーを含む新型客車編成が登場。1965年夏ダイヤからTEEの仲間入りを果たし、運行区間もアムステルダム、フーク・ファン・ホラント〜ジュネーヴ間に延長された。

ラインゴルトの旅はオランダから始まる。アムステルダム中央駅を客車2両で発車した通称「オランダ編

ライン渓谷での離合 ライン川沿いですれ違うラインゴルト（右）とインターシティ（左）

かつてラインゴルトが走った道を
今は高速列車ICEが走る

ドームカー 1976年まで連結されていたドームカー。ラインゴルトの名物だった

ライン川を行く貨物船。水運でも重要な役割を果たしている川だ

IC列車
渓谷を走るインターシティ。クリームに青色の2等車を連結している

成」は、ユトレヒトでフーク・ファン・ホラントからの客車を連結して西ドイツへと向かう。

西ドイツに入ったラインゴルトは客車をさらに増結し、バー車やレストランカーなど10～12両のフル編成となり、国内をほぼ縦断した。

ライン渓谷を颯爽と駆ける美しい編成のラインゴルト

沿線風景の圧巻は、ライン渓谷沿いを颯爽と走るフル編成のラインゴルトだ。TEEカラーと呼ばれたクリーム色と赤の塗装をまとった客車編成を同色の美しい流線形電気機関車103形が牽いて走る姿はまさに〝ライン河の華〟と呼ぶにふさわしかった。私もマインツからボンまでのライン渓谷を行くラインゴルトを追って、何度も撮影を続けた。

1975年に初めてラインゴルトに乗ったときは、編成の中間に「ドームカー」が連結されていた。中央

中世の街並みが残るライン河畔のバッハラッハを行く103形牽引のインターシティ

ラインゴルトの食堂車で出会った
日本人観光客の家族連れ

食堂車　さまざまなドイツ料理やビール、沿線名産のワインなどがふるまわれた食堂車

部にガラス張りのドームを設けた、いわゆるダブルデッカーの展望車だったが、１９７６年に最高速度を１６０km／hから２００km／hに引き上げた際にドームカーは廃止され、２００km／h対応の客車に置き換えられた。

高速化されたラインゴルトを最初に撮影したのは、コブレンツ南方のライン川のほとりを走る姿だった。この区間はカーブの多いライン渓谷を走るためスピードを落として走る。とはいってもその速度は日本の国鉄の在来線特急より速い１２０〜１４０km／hで、古城やラインの景観を眺めつつ走った。

ジュネーブ行きのラインゴルトは、ちょうどこの区間でランチタイムを迎える。食堂車とバー車ではさまざまなドイツ料理が振る舞われ、ドイツビールや沿線のラインヘッセン産の白ワインを傾けながらのＴＥＥの旅はまさに珠玉の鉄道の旅だった。

シュトゥットガルト　1983年夏ダイヤからマンハイムで切り離すミュンヘン行きが設定され、シュトゥットガルトなどを経由した

ドイツの温泉地
温泉地として知られるバーデンバーデンの駅

歴史を感じさせる重厚なバーデンバーデンの駅舎

雪降る駅に停車する103形牽引のインターシティ

スイスでは4両の身軽な編成
終着ジュネーブまであとわずか

ライン渓谷を過ぎ、列車はマンハイムを経てスイスに向かって走り、バーゼルで国境を越える。ここでスイスのクール行き客車を切り離して、4両の身軽な編成となる。機関車も103形からスイス国鉄のRe4／4Ⅰ形・Ⅱ形などに交代。終着ジュネーブまで担当する。

　ローザンヌに差し掛かると、車窓からはレマン湖とラヴォー地区のぶどう畑が望まれる。丘陵一帯の830ヘクタールは、2007年に世界遺産に登録された。丘陵を駆け下りると列車はローザンヌに到着する。この先はレマン湖畔に沿って終着ジュネーブ・コルナヴァン駅へと向かう。すでに辺りは闇に包まれており、ラインゴルトの長い旅は終着を迎えるのであった。

200km/h 最高速度の200km/hで疾走する103形電気機関車の運転台から見た前面展望。
特別にキャブ内に添乗することができた

103形が牽引するTEE。車体の裾が黒い塗装の160km/h仕様だ。
のちに200km/h化されると赤塗装となった

スイス国鉄の車掌
膝近くまで延びたカバンが特徴のスイス国鉄の車掌（スイス国内走行時）

食堂車でくつろぐ家族連れ。長旅に食堂車やバー車は欠かせない存在だった

食堂車にて
ヨーロッパでは駅に改札口がないので、車内検札は食堂車でも行う

サボ
ラインゴルトはさまざまな行先の客車を連結していた。この車両はバーゼルからエメリッヒまで

スイス編成

ジュネーヴ・コルナヴァン駅を発車した食堂車付4両編成は、バーゼルとマンハイムで増結されドイツを北上する（1978年撮影）

ラインゴルトの食堂車で使われていたカップとソーサー

103形電気機関車のスノードームとNゲージの103形（奥）

Rheingold MAP

ラインゴルトのバーで使われていた専用のビアジョッキ

筆者が当時使ったユーレイルパスと日本語のパンフレット

クラブカー

1983年に登場したクラブカーの車内。ミュンヘン行き編成に連結された

Column

西ドイツ国鉄103形電気機関車図鑑
DB Baureihe 103

ドイツを代表する電気機関車が103形だ。定期運用引退から20年以上経った今もその人気は衰えない。

103形の試作機として1965年に製造されたE03形の001号機。屋根部分の塗り分けや腰の飾り帯、側面のルーバーが1段である点などが量産型との違いだ

西ドイツ国鉄のフラッグシップ 200キロ対応の流線形電機

西ドイツ国鉄（DB）は1960年代、TEE、急行列車などの最高速度を160km／hから200km／hへ引き上げるべく、幹線の改良を進めた。合わせて200km／h運転が可能な新型機関車が計画され、1965年に高速電気機関車の試作車としてE03形（E03 001〜004）が4両製造された。約5年間にわたるE03形の試験運用を踏まえ、1970年から1974年にかけて145両（101〜245）製造されたのが103形の量産車だ。

量産車は試作機のE03形と比べて飾り帯の有無や側面ルーバーなどの違いはあるが、全体が「卵型」と形容するにふさわしい丸味を帯びた高速性をアピールする流線形デザインは同様で、塗装はTEE用客車の塗装と同じえんじ色とクリーム色、下

E03形は4両製造され、1968年の形式称号改正で103形に改称。ナンバーは103形の001～004号機となった

新塗装の103形（右）はドイツをはじめ各国のファンから不評だった。筆者もこの塗装には否定的だ

部は黒のドイツ国旗を思わせる「ＴＥＥ塗装」となった。

　全盛期にはドイツの代表列車「ラインゴルト」をはじめとするＴＥＥやインターシティ（ＩＣ）などの牽引に活躍。ＴＥＥの廃止後もＩＣやＴＥＥを引き継いだ国際列車ユーロシティ（ＥＣ）などに使われた。高速列車ＩＣＥ用の高速新線（ＮＢＳ）でも走行可能なように改造され、１９９０年代に入ってからも健脚ぶりを発揮。１９９１年から約2年間「ルフトハンザ・エアポート・エクスプレス」用として、白と黄色のルフトハンザ塗装をまとってフランクフルト空港～シュトゥットガルト中央駅間で運用されたのも特筆される。

　一方、１９８０年代後半からＤＢの新塗装導入により、１０３形もオリエントレッドと呼ばれる赤色に、前面窓下によだれ掛けのような五角形の白い塗装が施された。塗り替えはスローペースではあったがこれは

1980年代になると美しいTEE塗装は通称「よだれかけ」といわれる色に変わり、名機103形と呼ぶに相応しい姿ではなくなっていった

ルフトハンザ・エアポート・エクスプレスを牽引する専用塗装の103形101号機。高速新線を快走する

ファンに不評で、103形を愛する私も、この塗装の機関車を103形とは認めたくなかった。

定期運転終了後も動態保存機が健在

1996年に後継機の101形の導入が始まると、103形はついに引退が始まった。しかし、1998年に起きたICE脱線事故に伴う代行輸送列車の運転や、2000年のハノーバー万博輸送による臨時輸送などで車両の不足が続いたこともあり、103形はしばらくの間活躍を継続。2003年に惜しまれつつ定期列車での営業運転を終了した。

名機の引退を惜しむ声は世界中から届き、複数の静態保存機のほか動態保存機も存在する。とくに試作車であるE03形001号機のほか、113号機・245号機はTEE塗装でイベント列車や団体列車など活躍しているのは嬉しい限りである。

古城をバックに快走するTEE列車

ライン河畔を走る103形牽引のTEE。クリーム色と赤の塗り分けはTEEカラーと呼ばれてファンに親しまれた

103形の鉄道模型

103形は模型でも大人気機種だ。HOゲージ（奥2両）からNゲージ、Zゲージまでモデルは数多い

ドイツの売店

駅には103形を模したこんな売店も。当時の西ドイツ国鉄の顔だったことがよくわかる

機関区で顔を並べた103形。東西ドイツ国鉄を統合後のDBAG（ドイツ鉄道）のマークを付けている

103形のキャブ内。運転台の丸ハンドルはヨーロッパの機関車によく見られるタイプのマスコンだ

キャブの背面にはこんなピンナップポスターも……。ヨーロッパの鉄道の自由さを感じさせる一面だ

窓脇には最高速度200km/hを示すステッカーが。その下の「führerstand 1」は日本風に言えば「1エンド」だ

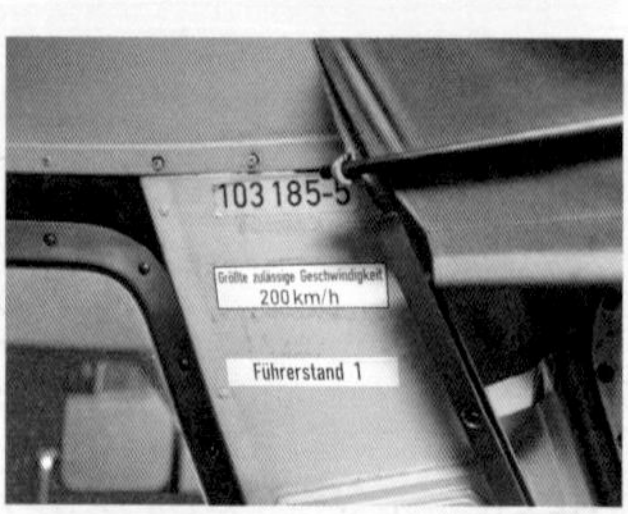

TEE創成期の車両
Column
TEE Early Stage

1957年にTEEが運転開始された当初は国情によって未電化や、電源方式が異なるため国際直通用車両はまだまだ未開発で、短編成のディーゼル動車が主流を占めていた。客車列車もこれまでの電気、ディーゼル機関車が牽引するもので運転時間の短縮が大きな仮題だった。この問題を克服したのが、異なる電化方式に対応できる「多電源方式」の電車とさらなる高速化した電気機関車の登場であった。

パリ近郊のローカル列車として使われていたX2700形。1977年6月パリ・北駅で撮影

X2700形 (RGP825※RGP1)
(フランス国鉄)

1957年のTEE運転開始時に製造された、825PSの液体式ディーゼル動車で、最高速度は140km/h。TEEでは「モン・スニ」「アルバレート」「パルジファル」などに使用されたがTEEの運用は1965年までと期間は短かった。TEE時代を経て車体は更新されて近郊型の気動車に生まれ変わった。

VT601形
(西ドイツ国鉄)

西ドイツ国鉄が非電化区間のTEE用に1957年に製造した特急用ディーゼル動車である。編成両端に連結される動力車で、前頭部の形状は運転室を高い位置に上げたボンネット形を採用してある。出力は809 kW (1100 PS)のV形12気筒エンジンである。最高速度160km/h。

VT601形をガスタービン動車に改造したVT602形

ミュンヘンの工場で保存用に全般検査を受けていたVT602

RAe TEEⅡ形
(スイス国鉄)

当初、スイスとオランダは共同開発の両端ディーゼル機関車を持つ気動車タイプの車両を1957年のTEE エーデルヴァイス運転開始に使用した。ところがドイツやフランス方面からスイスを経由してイタリア方面への列車を運行する場合、アルプス山脈越えルートなど急勾配路線を経由することとなり、多電源に対応した電車によるTEE用列車が、1961年にはRAe TEEⅡ形として同年7月よりTEEのゴッタルド、ティチーノ、シザルパンとして運行を開始した。

スイス国内を走るTEE「イリス」に使われていたRAeTEEⅡ形

ラインゴルトのスイス編成を牽く
TEE塗装のRe4/4Ⅰ形

濃緑色塗装時代の10025号機
バーゼルSBB駅

Re4/4Ⅰ形 電気機関車 (スイス国鉄)

スイス国鉄の本線系統で使用されていた電気機関車である。小型のB-B機で最高速度は125km/h、当初は標準の濃緑色塗装、1972年以降は専用機がTEEカラーに塗装され使用された。最大12パーミルの区間を300tの列車を牽引して急行列車として走行可能かつ、軽量客車15両に相当する480tを牽引して平坦線で125km/h、10パーミルで75km/hで走行できた。「バヴァリア」と短編成の「ラインゴルト」専用であった。

BB9200形 電気機関車 (フランス国鉄)

1950年代後期に製造された、フランス国鉄の幹線用電気機関車。丸味を帯びた箱型車体と、高い位置にある運転台の窓が特徴のフランススタイルの機関車。1957年から1964年にかけて92両が製造され、おもにフランス南部で多くが使用された。ミストラルなどTEEにも「ゲンコツ形」が誕生するまで使用されていた。

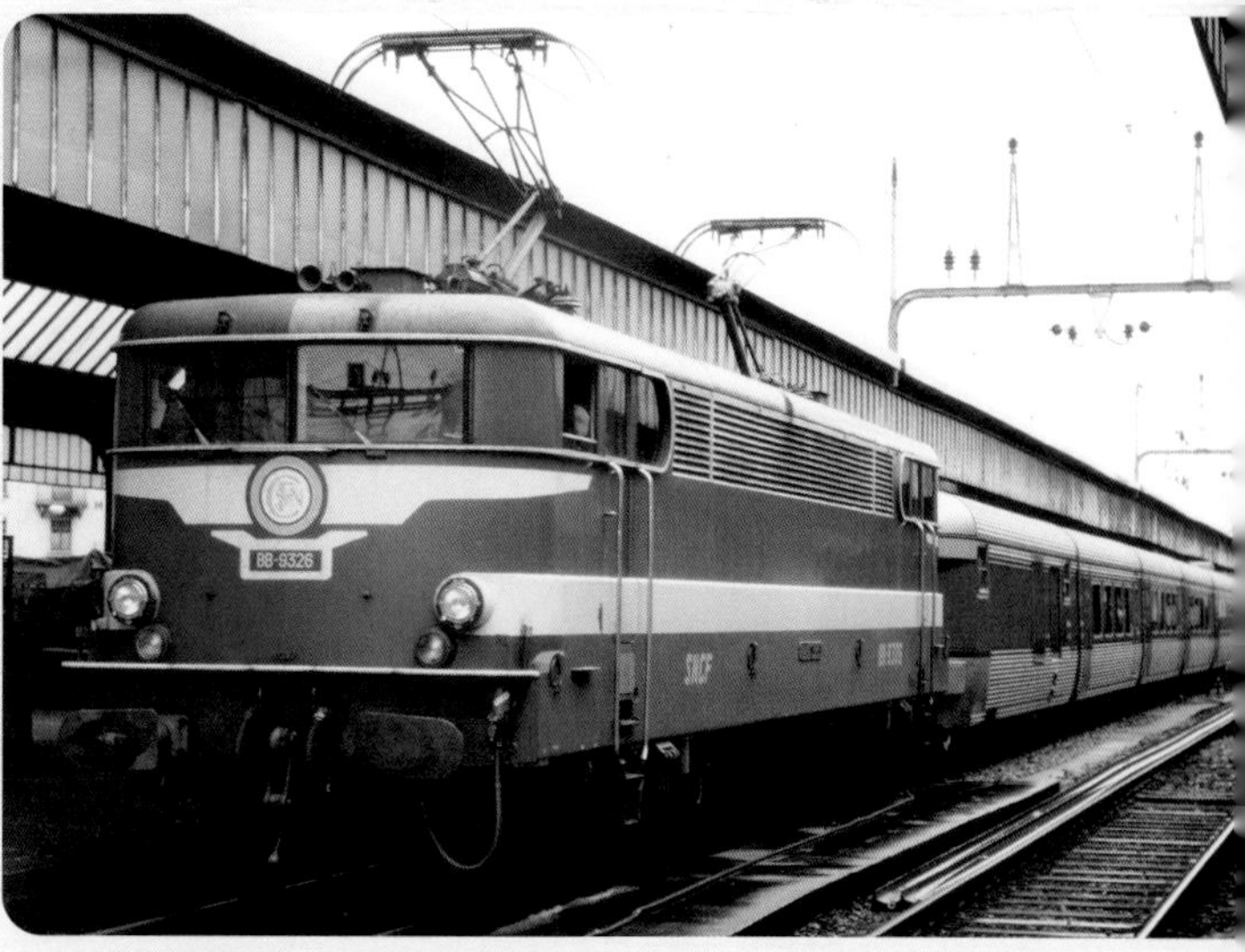

ジュネーブ駅でTEEカタランタルゴを牽くBB9200形

110形
電気機関車
(西ドイツ国鉄)

西ドイツ国鉄E10形機関車は1952年に開発された急行列車用交流電気機関車。1968年から110形、112形〜115形に改番された。長距離運用で重要な機関車で一部は高速仕様として「ラインゴルト」などに使用された。特別列車、イベント用に保存されている

ノスタルジックラインゴルトを牽くTEE塗装のE10(110形)。コブレンツ近郊にて

フランクフルト桟関区で顔合わせした新旧の103形

E03形
電気機関車
(西ドイツ国鉄)

E10(110形)の後継機となる急行用高速機関車として1965年に4両の試作機関車が製造された。E03形は最高速度200km/hにおいて出力8760Pで、試運転では最高250km/h、13000PSまで記録している。全長19.5m、重量112tで後の名機103形の量産に繋がる機関車だった。現在はこのE03 001号機が動態保存されている。

Chapter 2

フランス車両のTEE

ル・ミストラル

DATA

Le MISTRAL

運行期間	1950〜1981年
運行区間	パリ〜ニース
運転距離	1088km
所要時間	約9時間10分

TEE Le MISTRAL

花畑のパリ郊外を走るTEE「ミストラル」。
コン・ラ・ヴィル（Combs-la-Ville）付近
（1977年6月撮影）

ポーターにエスコートされて列車へ

パリ・リヨン駅の昼下がりにはTEEが連続して発車する

パリ・リヨン駅
発車前のひととき。ドア付近では食堂車の予約も取っている

国内TEE
「ミストラル」はTEEながらニースまでの国内列車だ

Le MISTRAL《ル ミストラル》 時刻表

パリ・リヨン Paris Lyon	発	13:18
ディジョン Dijon	着	15:39
	発	15:40
リヨン・ペラッシュ Lyon Perrache	着	17:07
	発	17:10
ヴァランス Valenc	着	18:04
	発	18:05
アヴィニヨン Avignon	着	19:02
	発	19:04
マルセイユ・サンシャルル Marseille St.Charles	着	20:00
	発	20:13
トゥーロン Toulon	着	20:52
	発	20:54
サン・ラファエル St.Raphael	着	21:39
	発	21:40
カンヌ Cannes	着	22:03
	発	22:05
アンティーブ Antibe	着	22:13
	発	22:14
ニース Nice	着	22:28

パリ・リヨン駅がゴールデンタイムとなった

まだＴＧＶが発着していない機関車の牽引する客車列車全盛の時代、パリ・リヨン駅の長距離列車ホームの昼下がりは特に華やいだ雰囲気に包まれていた。ホームにはニース行き「ミストラル」と、10分後にはミラノ行「シザルパン」のＴＥＥの雄が並んで発車を待っているのだ。週末にはこれに「ミストラル」の臨時列車が運転されＴＥＥ三並びとなるのだから、文字通りパリ・リヨン駅のゴールデンタイムと語るにふさわしい鉄道風景だった。

ホームにはＴＥＥ用の案内板が掲げられ、レストランの制服を着たワゴン・リのギャルソンたちが乗客を迎えながら食事(ランチ)の予約を取っている。私もランチの予約をして、ミストラルのコンパニオン嬢がエスコートしてくれるままに客車に入る。

ゲンコツ型のBB7200形電気機関車が牽引する「ミストラル」

コンパートメント

6人用コンパートメントの紳士

開放式座席車

開放客室。ここでは食事をとることもできる

運転台

BB7200形の運転台。最高時速は160kmだった

ステンレスの「ミストラル69形」編成の車内は豪華そのものだった。コンパートメントはシックな深い緑色座席が6席、通路の仕切りはガラス張りになっている。開放座席はゆったりとした横3列で、大形テーブルを収納しており、ここは食堂車にも早変わりできた。

13時18分、ミストラルは静かにパリ・リヨン駅を発車した。車内にはシャンソンの調べに乗せて、コンパニオンによる仏語、英語、イタリア語の3カ国語放送は旅情満点で、旅立のムードは盛り上がった。

レストランカーは開放客車を含めて2両あり隣接してバー車があり、同室にブティックを備え、その横のスペースにはかつての美容室の名残の部屋が子供部屋として開放されていた。「ミストラル」全盛の時代は美容室まで備えていたといい、当時の〝陸の豪華客船〟という愛称は決してオーバーなものではなかった。

パリ郊外、モンジェロン・クロスネ(Montgeron Crosne)駅付近を通過するニース行き「ミストラル」

ランチ 豪華な前菜とオードブルの盛り合わせ

食堂車 13時過ぎにパリを発つ「ミストラル」。食堂車では発車して早々にランチタイムが始まる

ミストラルのフルコースを楽しむ

「ミストラル」はパリを発車するとデジョンまでノンストップ、最高速度160㎞でイルドフランスを疾走する。コンパートメントでまどろんでいると食堂車のギャルソンが最初の食事をエスコートしてくれた。まずはブルゴーニュの白ワインのハーフボトルを注文して同席の老夫婦連れとグラスを傾ける。「写真撮っていいですか?」のジェスチャーに「ウィ、ウィ」と応えてくれてリラックスムードのままランチは進んだ。

最初はセロリのコンソメスープ、セロリが苦手な私だが、この場の雰囲気に美味しく頂けた。続いてサーモンと野菜のサラダ仕立ての前菜、白ワインのピッチが進む。メインは肉か魚料理を選べるので、私は肉料理を選びワインもボルドー産の赤ワインを追加注文する。

バー車
バー車で寛ぐ車掌と筆者。
何の話をしているのだろう？

ブティック
一流品が揃う「ブティック」。かつてこの横に美容室があった

食堂車で優雅なコース料理のランチを楽しむ夫婦

末期は2等車を連結した編成になり、TEEから急行列車に格下げされた。
モンジェロン・クロスネ駅にて

Le MISTRAL MAP

Le MISTRAL Column

豪華さを誇っていたミストラルも1981年9月にTGVがパリ〜リヨン間に開業すると、ミストラルには二等車が連結されTEEの役割を終えた。さらに1982年5月からTGVがマルセイユまで延伸すると5月22日の運行を最後に廃止された。私はTEE最後の日と、2等車連結の初日に乗車している。

メイン料理の後はデザート、フルーツ、チーズアラカルト、コーヒーと続き、ミストラルのフルコースは大満足のうちに終了した。

赤ら顔のまま隣のバー車に行き赤ワインを呑んでいると、私のヘッドホンステレオに興味を持った車掌が「ちょっと聞かせてくれ」と耳に当てた。発売直後のウォークマンのサウンドの良さには定評があり、車掌は驚いた表情で「このカンツォーネのシンガーはなんというの？」と聞いてきたので「Hibari Misora（美空ひばり）でジャポンでは№1のシンガーだ」と応えた。この車掌は「ミストラル」の車内の隅々まで案内してくれ、そのおかげで乗務員たちもカメラに収まってくれたほか、途中のリヨン駅では運転台まで案内してくれた。ようやく自分のコーンパートメントに落ち着いた頃はすっかり夜のとばりが降りたマルセイユの市街地に入っていた。

CC-40106

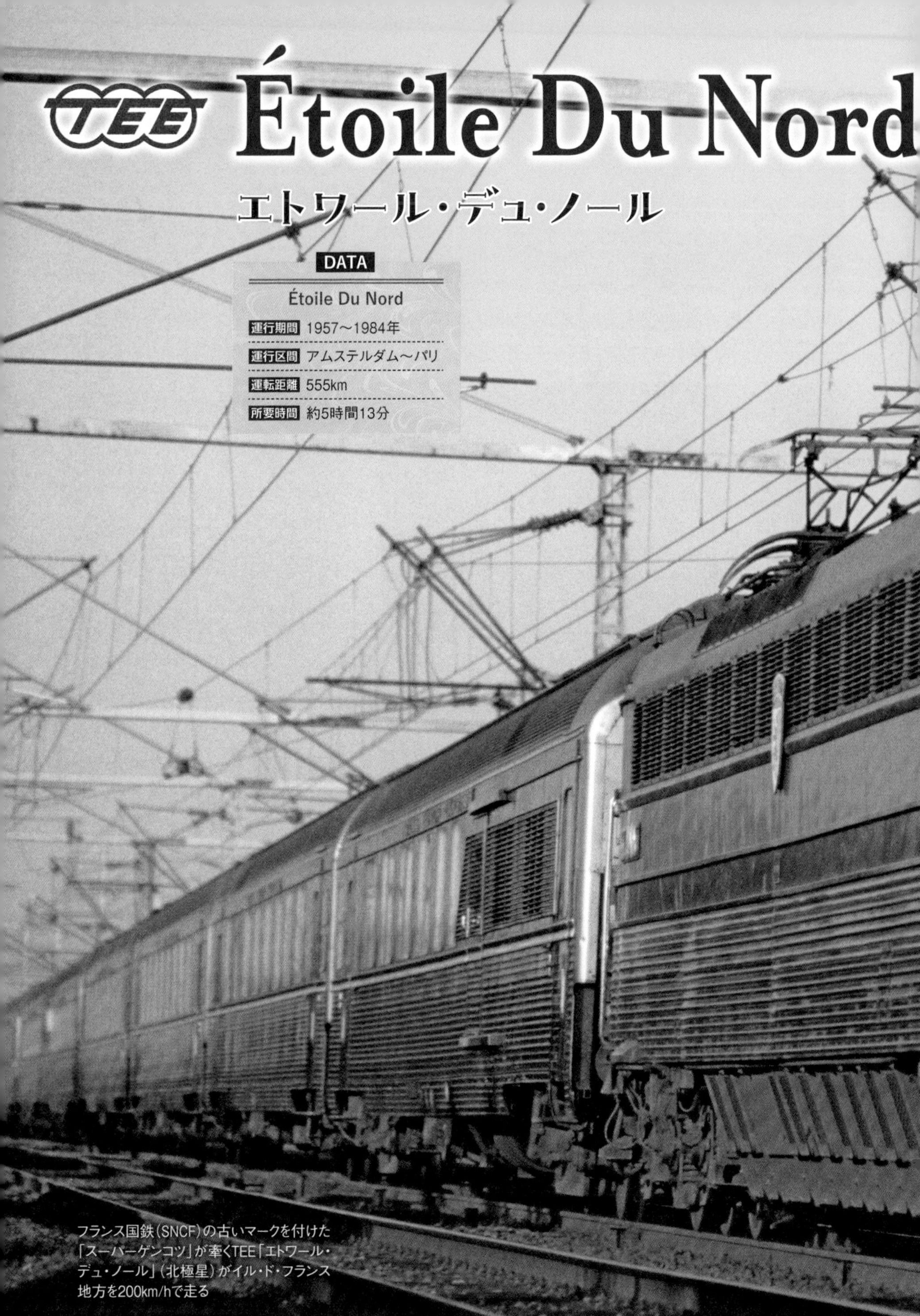

TEE Étoile Du Nord

エトワール・デュ・ノール

DATA

Étoile Du Nord

運行期間	1957～1984年
運行区間	アムステルダム～パリ
運転距離	555km
所要時間	約5時間13分

フランス国鉄（SNCF）の古いマークを付けた「スーパーゲンコツ」が牽くTEE「エトワール・デュ・ノール」（北極星）がイル・ド・フランス地方を200km/hで走る

アムステルダム中央駅　駅前にトラムが並ぶオランダのターミナル駅

もうすぐ出発　発車を前にオランダ国鉄の車掌がミーティング中

ブリュッセルまではベルギー国鉄の機関車が牽引する

客車はフランスのTEE用ステンレス客車PBA形だ

Étoile Du Nord《エトワール デュ ノール》
時刻表

オランダ		
アムステルダム Amsterdam	発	8:55
ハーグ Den Haag	着	9:37
	発	9:38
ロッテルダム Rotterdam	着	9:53
	発	9:54
ローゼンダール Rosendaal	着	10:29
	発	10:31
ベルギー		
アントワープ・ベルヘム Antwarpen Berchem	着	10:56
	発	10:57
ブリュッセル北 Brussels Nord	着	11:26
	発	11:28
ブリュッセル・ミディ Brussels Midi	着	11:33
	発	11:43
フランス		
パリ北 Paris Nord	着	14:08

アムステルダムとパリを結ぶ ビジネスマン御用達の列車

青いベルギー国鉄の15形電気機関車が先頭に立つ、ステンレス製のTEE PBA客車3両編成のパリ行き「エトワール・デュ・ノール（北極星）」は8時55分、アムステルダム中央駅の5aホームを車内アナウンスもなく静かに離れ、市内の何本かの運河を渡ると車窓にはチューリップ畑と風車が見えてきた。

発車してしばらくすると車掌が車内検札に来た。ユーレイルパスと座席指定券を差し出すと「サンキュー、アムステルダムはいかがでしたか？」と英語で話しかけてきた。なんとフレンドリーな車掌なんだろう……。このオランダの車掌はベルギーとの国境の駅ローゼンダールまでの乗務だという。そして間もなく「Bank, Bank」と大きな声で銀行員が両替にやってきた。当時は国

1等車　大きなテーブルを備えているので食事が可能だ

食堂車
食堂とバーを兼用する車両。ランチタイムは隣の開放座席車でも食事を提供する

1等個室　1等の6人用コンパートメントを検札するオランダ国鉄の車掌

銀行員
アムステルダムを発車すると通貨の両替にやってくるが、私は最初信用できなかった

によって通貨が異なり、両替は必須だった。まさに国際列車ならではの光景であった。

TEE「エトワール・デュ・ノール」は1927年に「オリエント急行」などの運行で知られるワゴン・リ（国際寝台車食堂車会社）の客車によって運転を開始した。アムステルダム～パリ間はヨーロッパのビジネスの中心で、鉄道での移動に適した距離であることからビジネスマンが列車をよく利用しており、本数も多かった。TEEも同区間には頻繁に運転されていて「エトワール・デュ・ノール」はその代表的な列車だった。

ブリュッセルに到着する前に、食堂車のスタッフが客車内を回って昼食の予約を取りに来た。ブリュッセルとパリの間はランチタイムになるという。ブリュッセル北駅に到着すると客車を増結し、機関車も交代する。待ちに待ったフランスの誇る「スーパーゲンコツ機関車」CC

運転台　CC40100形のコクピット。ゲンコツ形は前面視界に優れた設計だ

CC40100形　ここからパリまでは「スーパーゲンコツ」ことCC40100形が牽引

ブリュッセル北駅に到着すると食堂車や客車が増結される

増結された食堂車。ブリュッセル発車後パリまでの間はほぼランチタイムだ

ランチタイム　ランチはフルコース。パリまでの間にのんびり味わう

走るオフィス　1等車の大形テーブルはビジネスマンの仕事場にもなり、食堂車にもなる

40100形だ。独特の形状をしたその姿を最前部で眺め、再び乗り込むとやがて発車。発車と同時にレストランカーに行くと、ランチのテーブルセットが整っていた。

優雅に2時間かけて楽しむ 食堂車のフルコースランチ

食堂車は2両あるが、隣の開放座席車でも大形テーブルがセットされ食事ができる。これは2時間近くもコース料理を楽しむため、一度に多くの利用者をさばくためだ。

まずウェイターが飲み物の注文を取りに来る。真っ昼間からワイン、ビールを飲むなどいかにもヨーロッパの食文化といったところで、私も中瓶の白ワインとメインディッシュに赤ワインを注文する。ランチメニューは前菜にサーモンのムニエルレモンソース、メインはビーフステーキ（またはチキン）の温野菜添え、ヨ

パリまでの車窓はさしたる絶景もないので、
優雅な食事が旅の楽しみだ

前菜のサラダを運ぶウェイター。
TEEはベテランが担当していた

Étoile Du Nord MAP

パリ北駅

パリ北駅に到着。機関車がひときわ貫禄ある姿に見える

行先表示（サボ）の前で、念願のTEEの旅を終えた筆者

ーグルトまたはチーズのアラカルト、アイスクリーム、果物、コーヒーのフルコース。これでしめて当時の価格で15米ドル（3000～3500円）だから、飲み物付きではリーズナブルな価格だと思った。

ランチタイムはブリュッセルを発車してパリまで続き、この列車の全行程のほぼ半分の時間を費やしてゆっくりと味わうことになる。この列車のルートはほぼ平地の直線区間で、率直に言って車窓の風景に見るべきものはないので、この優雅なランチタイムは、旅の退屈さをまぎらわせてくれるものであった。

パリに近づくと、シャルル・ド・ゴール空港を離発着する飛行機が間近に見られ、エッフェル塔を遠望してモンマルトルの丘を望みながら列車は5時間13分の旅を終えてパリ北駅に到着する。入国審査と税関はホームの出口で行う。ここでも国際列車TEEの旅を実感したものだった。

Le Cisalpin

シザルパン

DATA

Le Cisalpin

運行期間	1961～1984年
運行区間	パリ～ミラノ
運転距離	821km
所要時間	約8時間15分

現在は世界遺産となったレマン湖畔の「ラボー地区の葡萄畑」を行く「シザルパン」。ローザンヌで客車を切り離し短編成でミラノに向かう

スイス編成　「シザルパン」の行先表示。これはローザンヌで切り離しされるスイス編成の客車だ

一路ミラノへ　パリ郊外のモンジェロンを通過するミラノ行き「シザルパン」のフル編成

Le Cisalpin《ジザルパン》 時刻表

フランス		
パリ・リヨン Paris Lyon	発	12:15
ディジョン Dijon	着	14:36
	発	14:37
ヴァローブ Vallorbe	着	16:19
	発	16:27
スイス		
ローザンヌ Lausanne	着	16:59
	発	17:02
シオン Sion	着	17:53
	発	17:54
ブリーク Brig	着	18:27
	発	18:29
イタリア		
ドモドッソーラ Domodossola	着	18:57
	発	19:07
ミラノ中央 Milano Centrale	着	20:30

レマン湖の絶景を眺めつつ
パリとミラノを結んだ国際列車

「シザルパン」はフランスのパリからスイスのローザンヌを経由し、アルプスを貫くシンプロントンネルを経てイタリアのミラノまでを結んでいたTEEである。列車名は古代ローマ時代の北イタリア地方を意味する。1961年に運行を開始した。

運行を開始した当初は、スイス国鉄が開発した4電源対応の交直流電車RAe TEEⅡ形電車を用いており、TEEとしては初の電車列車だった。その後、1974年5月からはフランス国鉄のステンレス製豪華客車、ミストラル69形を用いた客車列車に変わり、ピーク時の車両増結が可能になった。同時に、夏ダイヤの期間はミラノからヴェネツィアまで延長運転するようになった。

シザルパンの自慢の車窓風景は、レマン湖に沿って走るワインの産地

TEE塗装機　スイス国内はスイス国鉄のRe4/4Ⅱ形TEE塗装機が「シザルパン」を牽引する。ローザンヌ駅にて

レマン湖畔の名所シオン城をバックに走るインターシティ

Le Cisalpin Column

「シザルパン」の発展形が、振り子列車による「チザルピーノ」(Cisalpino)だ。スイスとイタリアの共同出資会社による運行で、TEE「シザルパン」なき後、1996年から2009年までミラノ・チューリヒ・シュトゥットガルト間などを結んでいた。車両は当時最新型の「ペンドリーノ」ETR470形振り子式電車を使用していた。

ラボー地区の葡萄畑でTEEを撮影する筆者。1978年

Le Cisalpin MAP

ラヴォー地区（2007年に世界遺産に登録）の世界一美しいブドウ畑を駆ける際の光景だった。ローザンヌ付近では湖上のシオン城とフレンチアルプスを見て走り、レマン湖付近の沿線はまさに車窓風景のハイライトであった。

1984年にTEEとしては廃止され、その後はパリ―ローザンヌ間にいち早くTGVの「シザルパン」が運行を開始したが、2003年に愛称はなくなり、シザルパンの名は惜しまれつつも消え去った。

AQUITAINE
6514
17

夕暮れのパリ・オステルリッツ駅で発車を待つボルドー行き「アキテーヌ」。独特のゲンコツ形電機と同色のグランコンフォール客車で編成された美しいTEEだった

TEE

Aquitaine
アキテーヌ

DATA

Aquitaine

運行期間	1971～1984年
運行区間	パリ～ボルドー
運転距離	581km
所要時間	約3時間50分

ノンストップ
「アキテーヌ」の行先表示。下りボルドー行きは最高200km/hでノンストップ走行した

花形列車3兄弟
独特なレタリングのTEE案内板。この3本はパリ・オステルリッツ駅の花形だった

Aquitaine《アキテーヌ》 時刻表

パリ・オステルリッツ Paris Austerlitz	発	17:53
ボルドー Bordeaux	着	21:43

＊全区間フランス

TEEの誇り 「TRANS EUROP EXPRESS」の金文字が窓上に輝くグランコンフォール形客車

ワインの産地へノンストップ 車内では優雅なディナー

パリとワインの産地ボルドーを結ぶTEEが「アキテーヌ」だった。私が初めて撮影した1977年には、機関車はヘッドマーク付きのCC6500形、客車はグランコンフォール形の9両編成で、機関車から客車まで「グランコンフォール」塗装に統一された、実に美しいエレガントな列車だったことをはっきり記憶している。

同年の夏ダイヤでは、ボルドー行き1列車はパリ発17時53分でボルドー着が21時43分。そのためレストランカーではディナーの準備が発車前から進められ、運転中はほとんど豪華な食事に費やされる「ディナー列車」だった。

発車前のパリ・オステルリッツ駅は、夕方発車するボルドー行き「アキテーヌ」と、トゥールーズ行き「キ

パリ・オステルリッツ駅に到着
朝、ボルドーを発車した「アキテーヌ」がパリに到着。
この時間帯の良さがビジネス客に好評だった

夕方のホームでトゥルーズ行き「キャピトール」と「アキテーヌ」が並んで発車を待つ風景はTEE時代の名場面だった

Aquitaine MAP

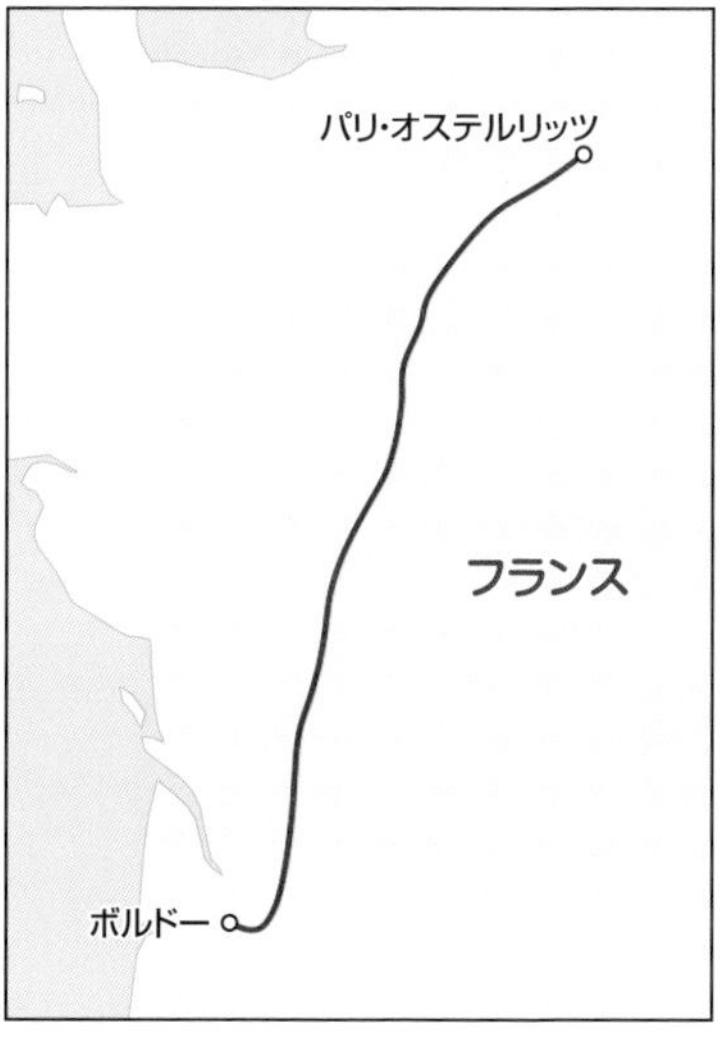

ャピトール」が並び、10分間隔で発車して行く姿は壮観だった。平日のみ運転の「アキテーヌ」は、パリ〜ボルドー間580㎞を最高速度200㎞/h、ノンストップ3時間50分で結び、客車列車としては世界一、新幹線「こだま」を凌ぐ表定速度151㎞を誇っていた。また同区間を走った姉妹列車の「エタンダール」は当時の「ひかり」の表定速度162・8㎞より速い163㎞で走っており、高速運転と優雅な食事と共にフランス国鉄自慢の列車だった。

Column

フランス国鉄のゲンコツ機関車
Nez Cassés Français

ユニークなフォルムの「ゲンコツ型」機関車は、TEE全盛期のフランスを代表する存在だった。

CC6500形直流電気機関車

200km/h運転に対応し、パリ〜ボルドー間のTEE「アキテーヌ」などを牽引した

CC40100形
交直流電気機関車

パリ・ブリュッセル・アムステルダム・ケルンを結ぶ重要路線を直通可能な機関車として1964年に登場。国際列車牽引に活躍し、1996年に引退した

CC21000形
交直流電気機関車

CC6500形の交直流版。1969年から4両製造され、TEE「シザルパン」などで活躍した。写真は「シザルパン」を牽くトップナンバー機

フランスでは「壊れた鼻」独特の形には意味がある

　ゲンコツ型機関車は、フランス国鉄が生んだ電気、ディーゼル機関車で、先頭部を横から見ると「Σ(シグマ)」形をしている。日本ではゲンコツのような形と言われるが、フランスでは「壊れた鼻」と言う意味の「ネ・カッセ」と呼ばれる。この形は、前面の窓を車体上方に傾斜させることで窓ガラスへの日光の反射を防ぎ、機関士の視界を改善する目的があった。

　1964年に導入された交直流4電源方式のCC40100形を皮切りに、以降のフランス国鉄における機関車の標準型として採用され、TEEの運用にも威力を発揮した。近年は欧州の鉄道ファンの間でもレトロ人気で、特にTEE「アキテーヌ」「エタンダール」の牽引機CC6500形が注目を浴びている。

BB7200形
直流電気機関車

1976年に登場。ゲンコツ型として最多の240両が製造された。TEE「ミストラル」なども牽引。写真はトップナンバーの7201号機だ

BB22200形
交直流電気機関車

BB7200形の交直流版で、1986年までに205両製造。最後に造られたゲンコツ型機関車だ。写真はニース付近でTEE「リギュール」を牽く姿

CC72000形
ディーゼル機関車

ゲンコツ型で唯一、かつフランス国鉄最強のディーゼル機関車で、1967年から92両製造。TEE「アルバレート」を160km/hで牽引した

Chapter 3

イタリア車両のTEE

TEE Settebello

セッテベロ

DATA

Settebello

運行期間	1974～1984年
運行区間	ローマ～ミラノ
運転距離	632km
所要時間	約5時間48分

ミラノ中央駅の大ドームは有名で映画などにも度々登場している。その大ドームに最も似合う列車が「セッテベロ」だった。私はこの風景を夢に見てきたが、この年に夢を果たした（1978年撮影）

「終着駅」にて　ローマ・テルミニ駅で発車を待つミラノ行き「セッテベロ」。この駅も映画でお馴染みだ

Settebello《セッテベロ》 時刻表

ローマ・テルミニ Roma Termini	発	08:02
フィレンツェ・SMN Firenze SMN	着	10:42
	発	10:47
ボローニャ Bologna	着	11:58
	発	12:01
ミラノ中央 Milano Centrale	着	13:50

切り札
「セッテベロ」とはトランプゲームの切り札の一種。車体側面にはトランプの絵がある

重連
同タイプで4両編成のETR250形はこのような連結も見られた

憧れの前面展望列車で陽気なクルーとの出会い

あの名画「終着駅」(1953年米伊合作、ヴィットリオ・デ・シーカ監督)で有名なローマ・テルミニ駅でしばし映画の真似事などをしていると、待望の憧れの列車「セッテベロ」ETR300形が入線してきた。

セッテベロといえば私がまだ少年だったころ、鉄道画家の黒岩保美さんや木村定男さんの描く絵本の挿絵でしか見たことのない列車で、前面に展望席を配したその特異なスタイルに憧れを抱いていた。

本来、セッテベロの乗車には事前に座席の予約が必要なのだが、私はそのまま飛び乗ってしまった。車内で車掌に尋ねると、「問題ない、そこの座席に座ってください」との事なので一安心。しかし、私がこの座席に座っていた時間はローマ〜ミラノ間の約6時間のうちの、たったの5

客室内　コンパートメントといっても内部は5人座席のオープンタイプである

発車して早々にコンパートメントを検札に来た車掌。明るい人だった

運転士と　挨拶をしたところすっかり親切にされた「セッテベロ」を仕切る運転士さん

運転席に!
オートマチック運転の高速新線内で運転席に座らせてもらった

ETR300型のスピードメーター。高速新線では最高速度180km/hで走る

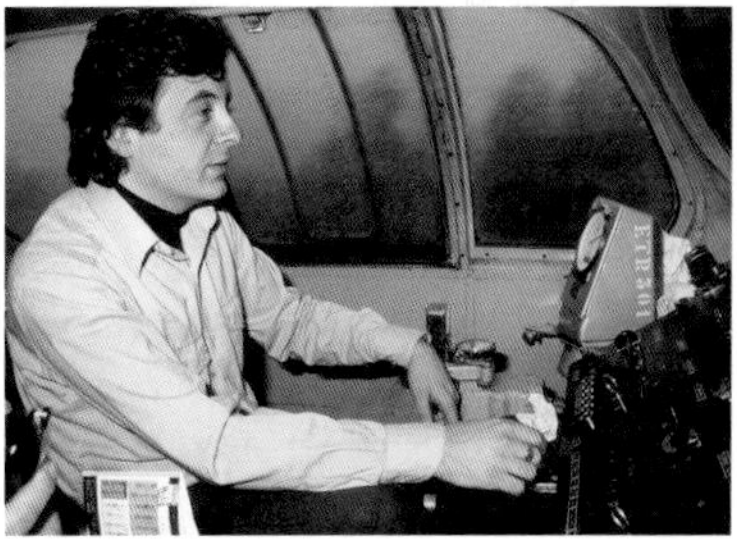

運転を続ける助士。左下に私の著書「鉄道大百科」が写っている

分もなかったのだった。

すぐに食堂車に行くと、まだ営業前とあって列車のクルーや運転士たちが雑談していた。「これから憧れのセッテベロの車内の写真を撮りたい」と自己紹介すると、運転士に「大歓迎さ、サムライマサトキ」と言われ、なんとその後運転士は運転を助士に任せっきりで車内をくまなく案内してくれた。

そして、当時開通したばかりのローマ～フィレンツェ間の高速新線・ディレッティシマを走り始めると私を階上の運転席に連れて行き、運転士自らマスコンを握って「撮れ、撮れ」という。速度計は最高速度の１８０km／hに達し、その得意顔をスナップした。その後、さらに私は運転室内で信じられない体験をすることになった。

乗り心地が良いフィレンツェまでの間に食堂車でランチを済ませた。セッテベロのクルーたちからは大歓

展望室　憧れだった「セッテベロ」の展望室。この電車の思想が名鉄パノラマカーや小田急ロマンスカーに生かされた

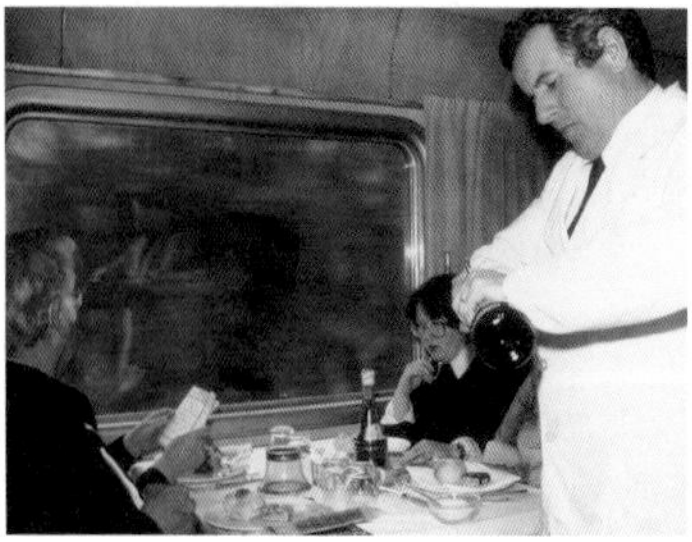

ランチタイム　まずはワインから……がイタリアでの食事の「マナー」

食堂車　発車してすぐの時間は朝食だが、昼前にはランチメニューとなりイタリアの名物料理が出される

迎されているので、席も窓際の最上の席だ。

ランチはまずロゼワインから始まる。ロゼワインはイタリア人にはまるで「お茶」代わりのようで、田舎の大衆食堂でランチをした時にはテーブルに飲み放題のロゼボトルが置かれていたっけ……。

前菜はボンゴレスパゲッティ。給仕はウィンクをしながら大皿からどっさりと私の皿に盛った。そしてメインデッシュ。こちらは巨大なサーロインステーキだったが、残念ながら少々固く決して美味しいとは思えない味で、日本の牛肉の美味しさを見直した。

なんと運転台から撮影 セッテベロのすれ違い

そして、フィレンツェの手前では本来はフィレンツェの駅で顔を合わせるはずの、ローマ行きセッテベロ59列車とのすれ違いの瞬間を運転台

フィレンツェの観光名所の一つ、
最古の橋「ヴェッキオ橋」

フィレンツェ　古都フィレンツェのサンタ・マリア・ノヴェッラ駅に到着。
運転士と車掌が交代する

フィレンツェ・サンタ・マリア・ノヴェッラ
(S.M.N)駅の外観

グリッザーナのアーチ石橋を行く
高速列車ETR500形

フィレンツェからはアペニン山脈を越える。峠の駅、
グリッザーナに停まるローカル列車

から撮ることができた。これも運転士の「アレンジ」のおかげだった。フィレンツェには7分遅れで到着。ここで乗務員が交代するので「親切」な運転士さんともお別れだ。しかし、ミラノまでの運転士に私の事はしっかり申し送りしてくれていた。

ミラノ行きセッテベロは、ここからアペニン山脈を貫く山岳路線を走り、右に左にとカーブが続く。車窓には中世イタリアの姿を留める村が見え、「ここでセッテベロを撮りたい」という気持ちになる。山岳部を過ぎるとロンバルディア平原を走るが、高速新線のような180km/h走行はしていないようだ。

セッテベロはいつしかミラノの市街地に入り、やがて終着のミラノ中央駅に到着した。

ここで私のセッテベロのラストミッションを開始することにした。有名なミラノ中央駅の大ドームとセッテベロの撮影である。だが、カメラ

奇跡の一瞬
「セッテベロ」同士のすれ違いを運転台から捉えた! おそらく最初で最後のスクープ写真であろう

アペニン山脈を越える「セッテベロ」。カーブの続く区間で後方の運転台から撮影した

一路ミラノへ
アペニン山脈を越えた「セッテベロ」はロンバルディア平原をミラノに向かう

を構えると2人の兵士がやってきて「写真はダメだ」と言われてしまった。

運転士の助け舟で駅での撮影OKに

この当時、イタリアは政情不安でテロが横行していた。そのため、駅にも軍隊が出て警備をしていたのだった。

すると、セッテベロの最後尾から運転士が下りてきて、兵士とナンヤラカンヤラと話している。そしてしばらくすると、運転士は親指を立ててOKのサインをした。兵士は銃を構えつつも、私の撮影する姿を興味深く眺めていた。

「彼は日本人の鉄道マニアさ。わざわざセッテベロを撮りたくてやってきたんだ。彼はオレとFS(イタリア国鉄)が保障するよ」ということを言ったようである。そこで撮影したのがこの項の冒頭、大ドームに覆われたホームに停車するセッテベロ

ミラノに向けてラストスパートをかける「セッテベロ」のサイドビュー

Settebello Column

名鉄パノラマカー、小田急ロマンスカーなどの運転席を2階に上げたスタイルは「セッテベロ」がモデルである。当時の名鉄社長が鉄道視察でイタリアを訪れた際にセッテベロを見て、同じような展望車を造るように、と指示してパノラマカー7000系が誕生した。独特のボンネット型は国鉄の151系特急電車にも影響を与えたという。

ミラノ中央駅 独裁者ムッソリーニ時代の傑作建築といわれるミラノ中央駅。駅前を「ヴェントット」と呼ばれる古典路面電車が走る

の写真だ。

名列車だったセッテベロだが、ETR300形は1950年代の登場で老朽化は否めず、1984年6月の夏ダイヤでグラン・コンフォルト型客車によるTEE「コロッセオ」に置き換えられ、TEEとしての歴史に幕を閉じた。

Settebello MAP

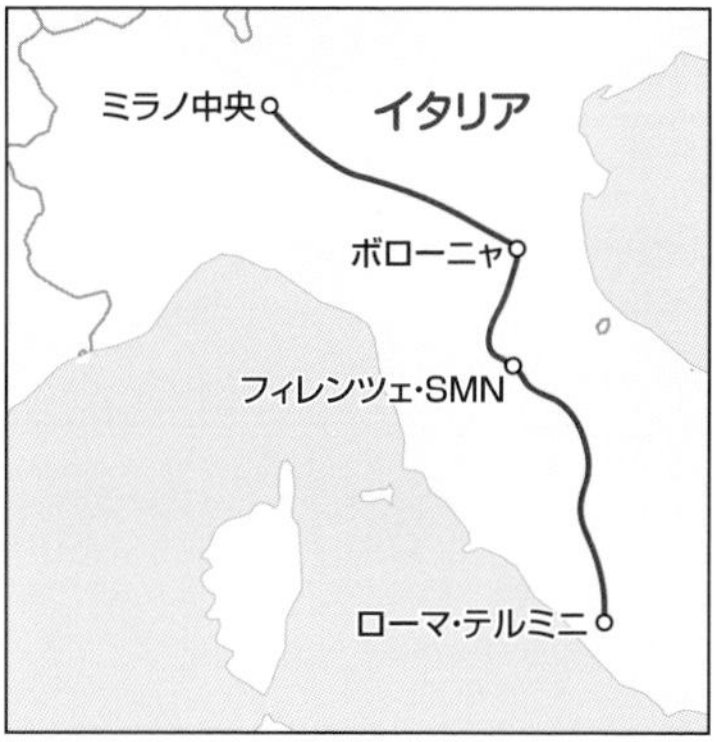

小雨降るチロル地方を駆け抜けるTEE「メディオラヌム」。イタリアのTEE客車を西ドイツ国鉄の111形電気機関車が牽引する（1978年撮影）

TEE Mediolanum

メディオラヌム

DATA

Mediolanum

運行期間	1957～1984年
運行区間	ミラノ～ミュンヘン
運転距離	594km
所要時間	約7時間08分

初期の車両
「メディオラヌム」は一時期西ドイツのディーゼルカーで運転されていた

大ドームの始発駅　「メディオラヌム」の始発駅はミラノ中央駅。大ドームで有名な駅だ

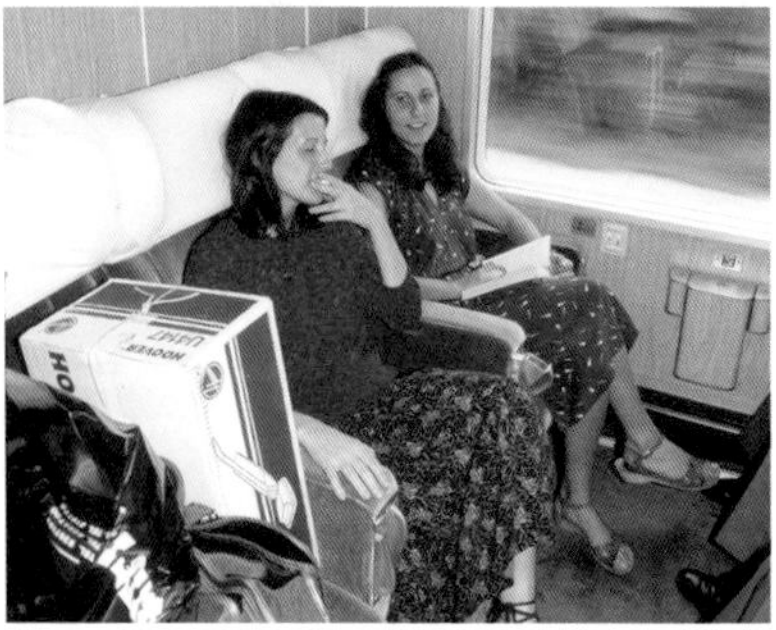

個室内
「メディオラヌム」に使用されていたイタリアのTEE客車のコンパートメント内

Mediolanum《メディオラヌム》
時刻表

イタリア		
ミラノ中央 Milano Centrale	発	06:55
ヴェローナ・ポルタ・ヌォーバ Verona Porta Nuova	着	08:17
	発	08:18
ボルツァーノ Borzano	着	10:00
	発	10:03
ブレンネロ Brennero	着	11:24
	発	11:37
オーストリア		
インスブルック Innsbruck	着	12:10
	発	12:11
クーフシュタイン Kufstein	着	12:57
	発	13:00
西ドイツ		
ミュンヘン中央 Munchen Hbf	着	14:03

美しいチロルを駆け抜け イタリアから西ドイツへ

１９５７年に運行を開始した「メディオラヌム」は、古代にメディオラーヌムと称されたイタリアのミラノと西ドイツ（当時）のミュンヘンを結んだ列車で、ブレンナー峠の国境を越え、オーストリアのインスブルックやチロルの主要観光地を経由して西ドイツへと向かった。

当初運用されたのはイタリア国鉄のＡｌｎ４４２形・４４８形ディーゼルカーだったが、１９６９年には西ドイツの６０１形（ＶＴ１１・５形）ディーゼルカーに置き換えられ、7時間以上かかっていたミラノ〜ミュンヘン間の所要時間は6時間台に短縮された。１９７２年にイタリアのＴＥＥ用客車が完成すると、電気機関車牽引の客車列車となった。

私は１９７７年に、インスブルックからミュンヘン行きの列車にたっ

ブレンナー峠
イタリアとオーストリア間の難所、ブレンナー峠を越える

アッヘンゼー鉄道
アプト式の蒸気機関車が走るナロー鉄道

ツィラータル鉄道
蒸気機関車が走る観光鉄道として知られる

チロルの観光都市インスブルック。駅前からはトラムが発着する

ミュンヘン 「メディオラヌム」の終着駅はミュンヘン中央駅だ

かつて国際急行「トランザルピン」で活躍した4010形電車

インスブルックと近郊を結ぶローカル列車の4020形電車

Mediolanum MAP

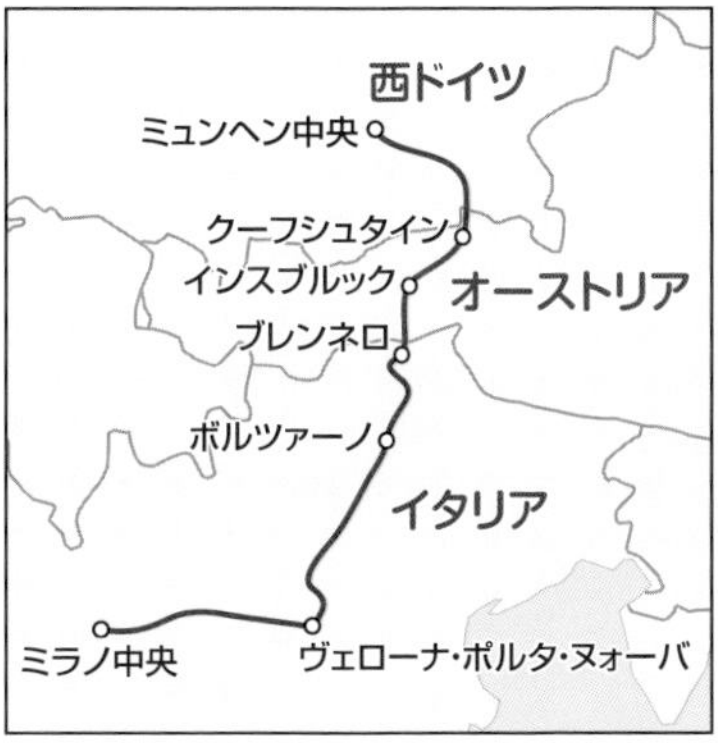

たひと駅だけだったが乗車している。イエンバッハから出るナローゲージのSL列車に乗るためだった。そのうちのひとつ、アッヘンゼー鉄道はラックレールの登山鉄道で勾配用のお尻がピョコンと持ち上がった形をしている。もうひとつのツィラータル鉄道はのどかな風景を走る観光路線で、古い客車をSLが牽いていた。

多くの観光客を運んだメディオラヌムだったが、1984年6月には2等車連結によりインターシティ（IC）列車に生まれ変わった。

FS
E 444 108

TEE Vesuvio

ベスビオ

DATA

	Vesuvio
運行期間	1973～1987年
運行区間	ミラノ～ナポリ
運転距離	846km
所要時間	約7時間55分

「亀」の愛称があるE444形電気機関車に牽引されロンバルディア地方を200km/hで走る「ベスビオ」

側面の運転室窓下には鈍足の象徴「亀」の漫画が。イタリア人のユーモアといったところ

愛称は「亀」
E444形の愛嬌ある前面スタイル

Vesuvio《ベスビオ》時刻表

ミラノ中央 Milano Centrale	発	9:55
ボローニャ Bologna	着	11:45
	発	11:50
フィレンツェ・SMN Firenze SMN	着	13:00
	発	13:10
ローマ・テルミニ Roma Termini	着	15:48
	発	16:03
ナポリ・メルジェリーナ Napoli Mergellin	着	17:50

グランコンフォルト
国内優等列車用のグランコンフォルト形客車はフィアット社製で200km/h運転に対応している

火山の名を冠したTEE 憧れのポンペイ遺跡へ

子どもの頃に見たスペクタクル映画「ポンペイ最後の日」(1959年伊ほか合作)は西暦79年、ベスビオ火山の大噴火により火山灰に埋もれて消滅したローマ帝国の街ポンペイを舞台にした大作で、その記憶は私の心の中に残り、いつか「ポンペイに行きたい」という願望を持ち続けていた。1978年にその願いは叶い、TEE「ベスビオ」でナポリに向かった。

悲劇の舞台になった火山の名を冠した「ベスビオ」は、ミラノ中央駅の大ドームの下、E444形電気機関車を先頭にグランコンフォルト客車を従えて発車を待っていた。しかし、この時はTEE取材の日程に追われ、ベスビオ山を遠望しただけで憧れのポンペイ遺跡を訪れることはできなかった。

コンパートメント グランコンフォルト形客車の1等6人用コンパートメント。ゆったり旅ができる

Vesuvio MAP

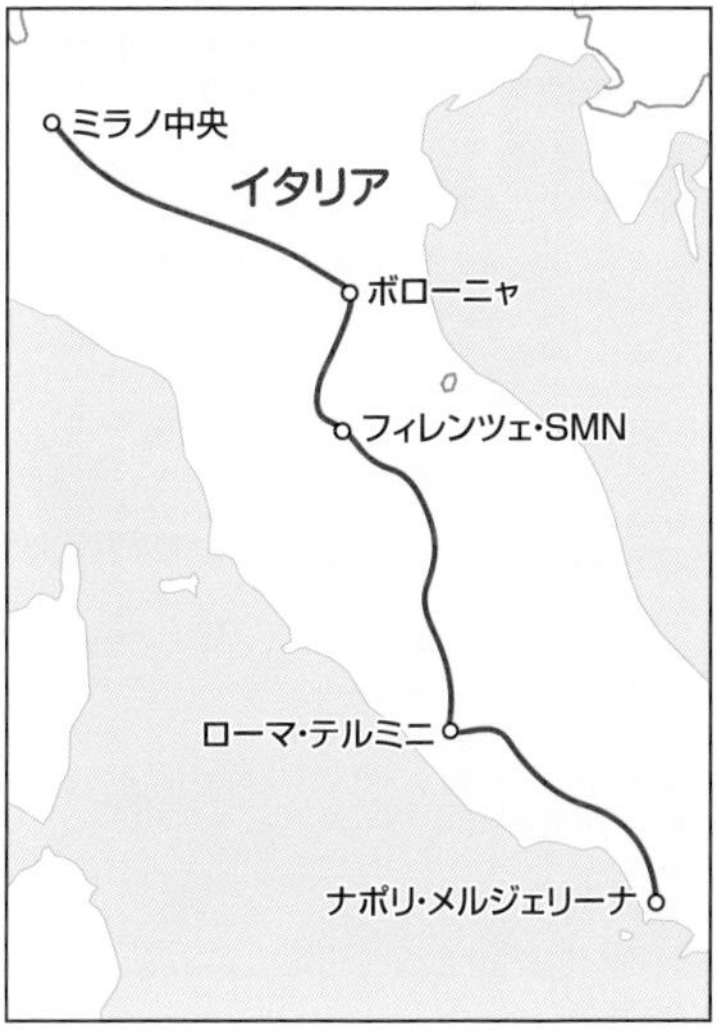

ベスビオ火山
ナポリ市内からベスビオ山を望むがあいにくの天気だった

ポンペイ遺跡
噴火で埋もれた古代ローマ時代の街は今も発掘作業が続く

それから幾星霜、初めてポンペイの地を踏んだのは24年後の2002年のことで、すでにTEEの姿はなく、ローマから高速列車を乗り継いでナポリに向かった。従ってTEE「ベスビオ」は思い入れの強い列車になってしまった。

TEE運転当時の時刻表をひもとくと、ナポリ行きはミラノを午前中に出て優雅なランチタイムを過ごすように設定されている。いっぽうのミラノ行きは夕方発車して豪華なディナーを楽しむように設定されていた。さすが食の国イタリアの列車だと感心することしきりだったが、私はこの旅ではケチケチ旅行だったので食堂車では食事をしなかった。

その代わり、牽引機関車のE444形に魅せられた。この機関車は最高速度200km/hで「ベスビオ」を牽引するのに愛称は「亀」。このユーモアに、ますますイタリアの鉄道が好きになったものだった。

TEE

Ambrosiano

アンブロシアーノ

DATA

Ambrosiano	
運行期間	1974～1987年
運行区間	ローマ～ミラノ
運転距離	632km
所要時間	約6時間25分

「ベスビオ」を補完する「アンブロシアーノ」はミラノ～ローマ間を結び、客車などは共通運用だった

イタリアの三都を結ぶ国内TEE

イタリア国鉄(FS)は1973年から、TEE用の客車をベースとして開発した国内優等列車用の新型客車「グラン・コンフォルト」を投入した。この客車を使用して1974年にローマ～ミラノ間に誕生した国内TEEが「アンブロシアーノ」だった。列車名は4世紀のミラノの司教で、ミラノの守護聖人であるアンブロジウス(聖アンブロス)に由来するという。牽引機は最高速度200km/hのE444形電気機関車だった。

この列車はローマ発が9時台、ミラノには15時過ぎの到着なので長時間ランチを楽しむことができた。また、夕方にミラノを発車するローマ行きではディナーが供された。いかにも食の国の列車というべきなのだが、私は同系列のTEE「ベスビオ」

Ambrosiano《アンブロシアーノ》 時刻表

ローマ・テルミニ Roma Termini	発	09:25
フィレンツェ・SMN Firenze SMN	着	12:33
	発	12:43
ボローニャ Bologna	着	13:51
	発	13:59
ミラノ中央 Milano Centrale	着	15:55

フィレンツェ
芸術の都フィレンツェ。有名なドゥオーモ（大聖堂）が見える

ローマ
この列車の出発地、ローマの有名観光地「トレビの泉」

E444R形　大ドームのミラノ中央駅に到着した列車。先頭に立つ機関車は1989年からE444形を更新して登場したE444R形だ

ミラノ
商業都市ミラノの「ガッレリア」と呼ばれる有名なアーケード

ETR450形
TEE無き後の主力となった高速列車。ETR450「ペンドリーノ」が高速新線を260km/hで走る

Ambrosiano MAP

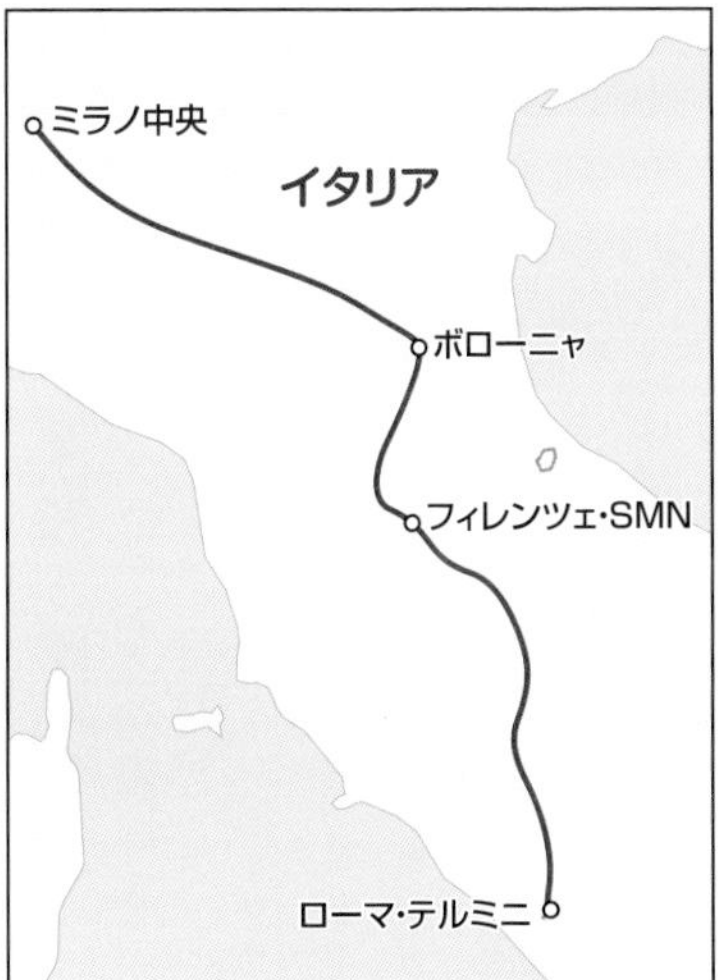

には乗っているものの、「アンブロシアーノ」には乗っていない。

ぜひ一度は乗って優雅にイタリア料理を楽しみたかったが、気が付けばＴＥＥは消滅し、さらに１９８８年に新しく登場したローマ〜ミラノ間の高速振り子列車ＥＴＲ４５０形ペンドリーノでは、車内では簡素な食事しかできなくなっていた。「アンブロシアーノ」の愛称はその後もＩＣとして残ったが、１９９４年に姿を消した。

TEE Ligure

リギュール

DATA

Ligure

運行期間	1957～1982年
運行区間	ミラノ～アヴィニヨン
運転距離	683km
所要時間	約8時間5分

地中海沿いの観光都市へ
バカンスへと誘う国際列車

ＴＥＥ「リギュール」はイタリアのミラノとフランスのアヴィニヨンをヴェンティミリア、ニースなど地中海沿いの観光都市を経由して結んでいた列車である。１９５７年のＴＥＥ発足と同時にイタリアのＴＥＥとして運行を開始した。当初は２両編成で冷房なしのイタリア国鉄のディーゼルカーＡＬｎ４４２型・４４８形で運転されていた。

冷房なしの車両の陳腐化と、バカンスシーズンには利用客も増えることから１９７２年10月にはイタリア国鉄のＴＥＥ用客車に置き換えられ、やや大衆化した列車となり観光客の輸送に活躍した。牽引機関車はイタリア国内がＥ４４４形電機で、フランスに入るとゲンコツタイプの交直両用機ＢＢ２２０００形に交代した。

「リギュール」の行先表示板。地中海沿岸の観光都市を結ぶ列車だった

Ligure《リギュール》
時刻表

イタリア			
ミラノ中央 Milano Centrale		発	6:45
ジェノバ・ポルタ・ヌォーバ Genova Porta Nuova		着	8:22
		発	8:30
サヴォナ Savona		着	8:59
		発	9:01
インペリア・ポルト・マウリツィオ Imperia Porto Maurizio		着	9:52
		発	9:54
サンレモ San Remo		着	10:18
		発	10:20
ヴェンティミリア Ventimiglia		着	10:38
		発	10:50
モナコ			
モナコ・モンテカルロ Monaco-Monte Carlo		着	11:06
		発	11:07
フランス			
ニース Nice		着	11:19
		発	11:23
アンティーブ Antibes		着	11:36
		発	11:37
カンヌ Cannes		着	11:44
		発	11:45
サン・ラファエル St.Raphael		着	12:06
		発	12:07
トゥーロン Toulon		着	13:03
		発	13:04
マルセイユ サン・シャルル Marseille St.Charles		着	13:48
		発	13:55
アヴィニヨン Avignon		着	14:50

地中海に沿って
コート・ダ・ジュールを走る「リギュール」。ニース付近で撮影

駅弁売り
始発のミラノ中央駅の名物「駅弁売り」

マルセイユ・サン・シャルル駅に到着した「リギュール」。機関車はフランス国鉄のゲンコツ形、客車はイタリア国鉄のTEE用だ

Ligure MAP

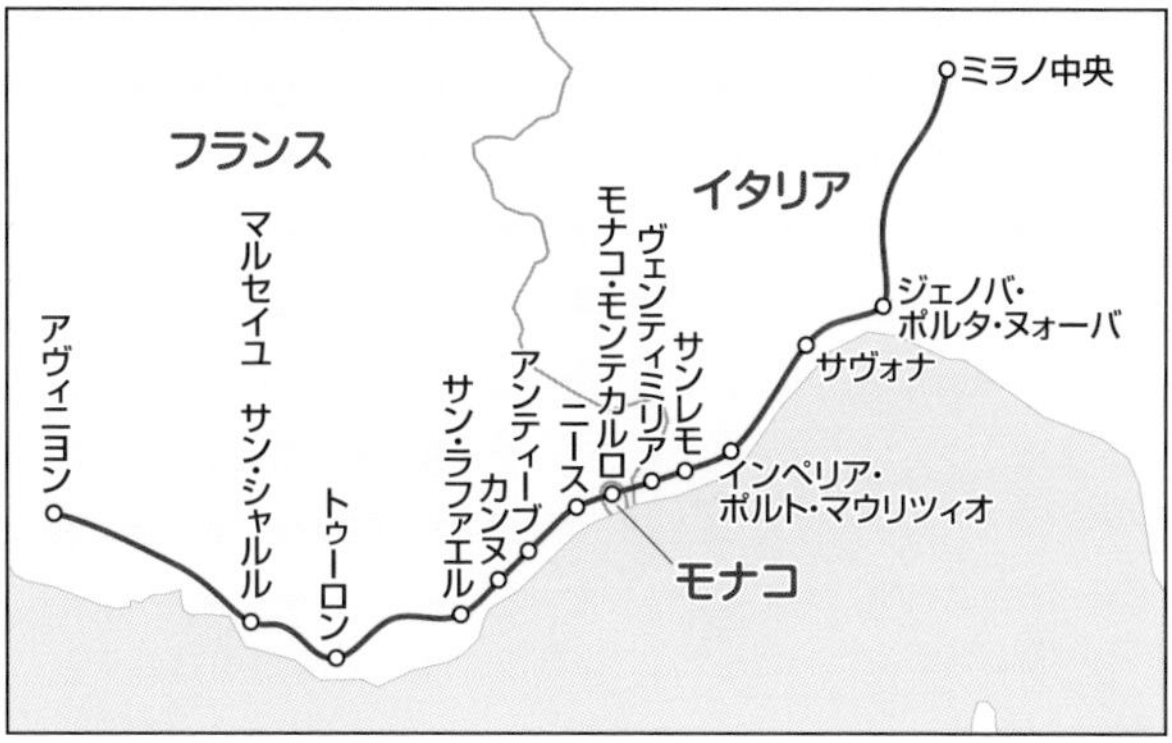

Column

E444形直流電気機関車 FS Class E444

1960年代、ドイツ、フランスなどが高速運転に向けた車両開発を進める中、イタリアに登場した電気機関車がE444形だった。

TEEを牽引するE444形。イタリア初の200km/h対応電機で、1970～1990年代の優等列車牽引の主力だった

ミラノ駅を発車するE444牽引の急行列車

E444Rへの改造後。「亀」が一段と大きく描かれている

最高時速200㎞でも愛称はノロノロの「亀」

E444形はまず試作機4両が1967年に落成し、この成果をもとにイタリア初の200㎞／h運転可能な電機として1970年からパワーアップ改良された量産車が登場した。安定した性能を誇り、計117両が製造された。

愛称は「タルタルガ（Tartaruga＝亀の意味）」で、高速機関車にノロノロの亀とは、イタリアン・ユーモアに満ちた機関車であった。1989年から更新工事が施され、前面デザイン変更とともにE444Rという形式に変わったが、車体側面のキャブ窓下に描かれた「亀」のイラストはその後も塗装変更まで健在だった。

Chapter 4

スペイン車両のTEE

南フランス、地中海が入り込んだ「ルカート潟」を走るカタラン・タルゴ。現在は電化されている。ルカート・ラ・フランキ（Leucate-La Franqui）駅付近（1978年撮影）

Catalan Talgo

カタラン・タルゴ

DATA

Catalan Talgo

運行期間	1969〜1982年
運行区間	バルセロナ〜ジュネーブ
運転距離	864km
所要時間	約9時間29分

バルセロナ発
バルセロナ・フランサ駅で発車を待つ「カタラン・タルゴ」

専用機
かつては写真のタルゴ専用352形ディーゼル機関車が牽いていた

車内検札
バルセロナを発車して早々に車内検札が始まった

Catalan Talgo《カタラン・タルゴ》 時刻表

スペイン		
バルセロナ・フランサ Barcelona Francia	発	09:25
ジローナ Gerona	着	10:33
	発	10:35
ポルトボウ Port Bou	着	11:23
	発	11:28
フランス		
セルベール Cerbere	着	11:53
	発	11:57
ペルピニャン Perpignan	着	12:33
	発	12:34
ナルボンヌ Narbonne	着	13:10
	発	13:17
ベジエ Beziers	着	13:31
	発	13:32
モンペリエ Montpellier	着	14:09
	発	14:10
ニーム Nimes	着	14:41
	発	14:42
アヴィニヨン Avignon	着	15:18
	発	15:10
ヴァランス Valance	着	16:10
	発	16:11
リヨン・ブロトー Lyon Brotteaux	着	17:07
	発	17:09
ベルガルド Bellegarde	着	18:24
	発	18:25
スイス		
ジュネーブ・コルナヴァン Geneve Cornavin	着	18:54

1軸台車と軌間可変機構 スペインが誇ったTEE

1969年に運転開始した「カタラン・タルゴ」(「カタラン」はカタルーニャ地方の人・言葉などの意味)は、スペインの広軌(軌間1668㎜)と他国の標準軌(軌間1435㎜)を直通運転するために軌間可変機構を備えた「タルゴⅢ RD」と呼ばれる特殊な客車を導入した。スペインが開発したタルゴ客車は独特の1軸連接台車を用いており、車体長は一般的な客車の半分以下だ。まるで「イ

バー車　カウンター席のあるカジュアルなバー車で寛ぐ若者たち。窓が大きく明るい車内だ

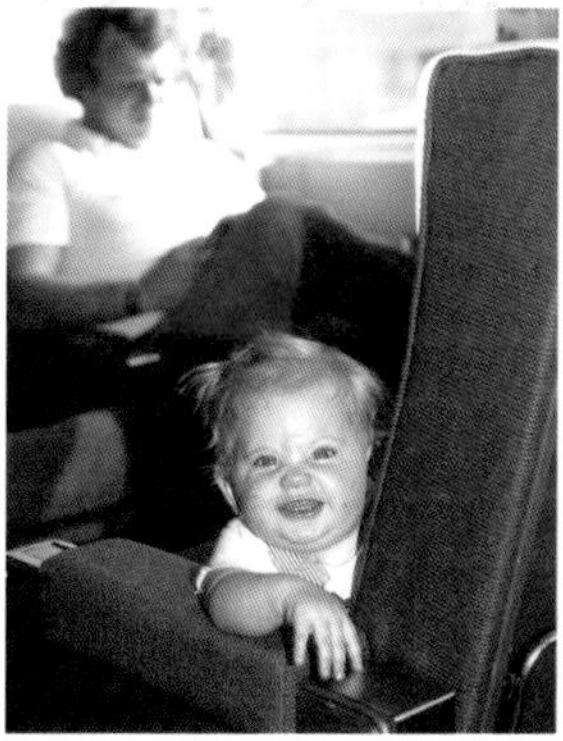

愛嬌をふりまくタルゴの小さな旅人

バーの壁には軌間変換装置を表すレールのイラストが飾られている

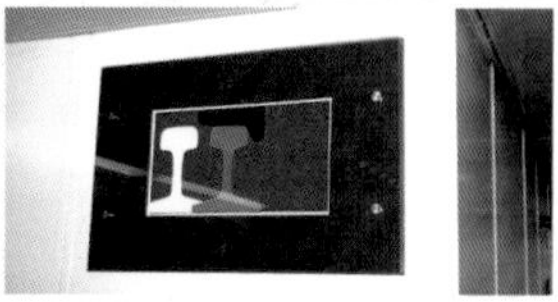

1等車

1等車の室内。小型の低床客車だが、車幅は通常通りでゆったりしている

モムシ」のような編成に私は興味津々で、1978年に渡欧した際、まずはその走りの写真を撮ることにした。

スペイン国境に近いフランスのペルピニャンからナルボンヌ行きの各駅停車に乗った。「カタラン・タルゴ」が南仏の風景の中を走る姿を撮るためである。右の車窓に地中海のルカート潟が広がる申し分のない風景に途中下車を敢行。降り立ったのはルカート・ラ・フランキ駅で、駅はずれの道路橋の上で列車を待った。当時はフィルムカメラで、この日たった1枚のシャッターチャンスに賭けた。

撮影の翌日、ジュネーブまで「カタラン・タルゴ」に乗って移動した。タルゴ初乗車であった。なるほど1軸台車の乗り心地は短尺レールに差し掛かると「タンタンタン」というリズムを奏でた。どこかで聞いたことのある走行音だと思ったら小田急ロマンスカーの連接台車と同じよう

国境駅　フランスとの国境の駅ポルト・ボウに11時23分着。ここでは5分の停車だ

徐行しながら国境の「軌間変換装置」のある小屋へ。特殊な装置で走りながら車輪の幅を変換する

軌間変換　ポルト・ボウを発車すると広軌から標準軌に軌間を変換する

南仏の明るい陽光に映えるタルゴ客車

な音だと気が付いた。

思い出のあの駅は無人に鉄道もカメラも変化する

それから30年超を経て、妻との旧婚旅行でかつて私が体験した欧州の列車を乗り撮り歩いた。この時はTEEからユーロシティ（EC）に変わった「カタラン・タルゴ」にバルセロナから乗ってルカート潟を通過した。2等車が加わったものの食堂車のメニューもほぼ変化なく、乗っている間はかつてのTEEの旅が楽しめた。

しかし、非電化だった路線は電化されており、思い出の小さな駅も完全無人化されているようだった。この旅行ではデジタルカメラを携行したが、カメラの進歩と共に鉄道も変わっていく様子を垣間見た思いだった。

海沿いを走る車窓の風景はまるで
絵画のように美しい

地中海　フランスに入ると南仏の地中海が
陽光に輝いていた

ペルピニャン
フランスに入るとセルベールを経て12時33分にペルピニャンに到着

見送り
家族か親戚だろうか、ペルピニャンで見送られながら発車の光景

ルカート・ラ・フランキ駅
潟の真ん中の砂州に位置する駅。私は下車して「カタラン・タルゴ」を撮った

ルカート潟へ
ペルピニャンを発車するとまもなくルカート潟の真ん中を貫く築堤を進む

EC時代の旅
2000年代の乗車の際は、途中の駅でTGVと並んだ

ルカート・ラ・フランキの村を通過する「カタラン・タルゴ」

ナルボンヌ　ナルボンヌ到着、数分の停車。隣にはTGV-Aが停車していた。マルセイユ経由で運転している

タルゴIII RD
小さく可愛いタルゴ客車は南フランスの陽光の中でもその存在感を現す

ジュネーブ　終着のジュネーブ・コルナバン駅。フランス国内の電化区間はBB9200形機関車が小さいタルゴを牽引する。その大小差に注目

Catalan Talgo MAP

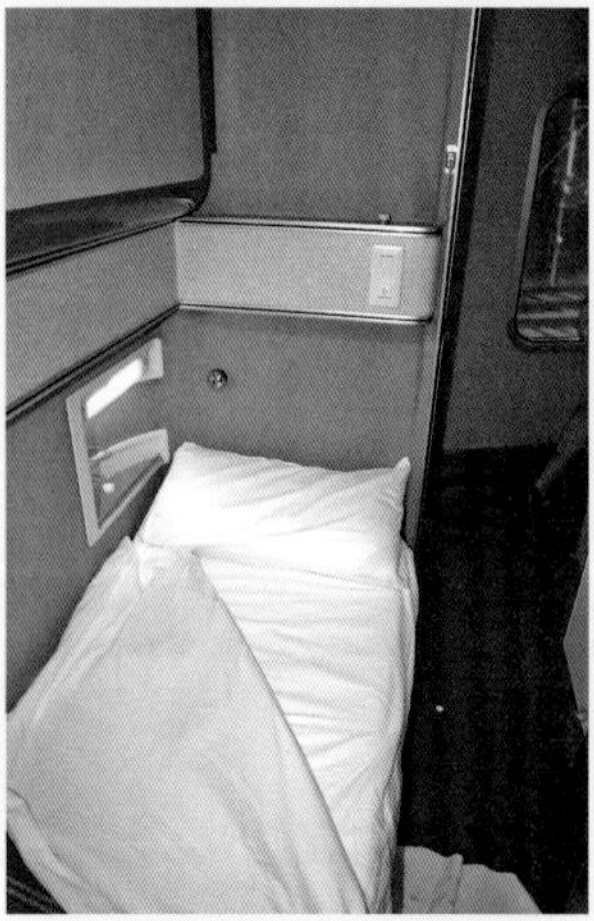

パリからはバルセロナ行き「バルセロナ・タルゴ」(上写真左)と「ジョアン・ミロ」(右)が相次いで発車する。寝台はやや斜めの配置が特徴だ

「タルゴ」の夜行寝台列車

TEE「カタラン・タルゴ」は昼行列車だったが、スペイン自慢のタルゴ客車を用いた国際列車には夜行寝台列車もあった。初のタルゴ寝台列車は1974年にバルセロナ—パリ間に登場した「バルセロナ・タルゴ」で、「カタラン・タルゴ」と同じタルゴIII RDの寝台車付き編成が投入された。1990年代以降はその名も列車ホテルを意味する「トレンオテル」(Trenhotel)にタルゴ寝台車が使用され、豪華さを誇った。

代表的なのはパリ—マドリッド間を結んだ「フランシスコ・デ・ゴヤ」や「バルセロナ・タルゴ」の後継である「ジョアン・ミロ」などで、振り子式のタルゴ・ペンデュラー(Talgo-PENDULAR)客車を用い、1等・2等寝台のほかにバーや食堂車も連結していた。

在来線を高速走行できるタルゴは世界各国で導入されているが、ドイツも1994年にタルゴ・ペンデュラーを導入し、ベルリンとボン、ミュンヘン間などの夜行列車「インターシティナイト」(ICN、後にナハトツークNZ)として2009年まで運転していた。

Chapter 5

スイス車両のTEE

TEE Gotthard

ゴッタルド

DATA

Gotthard

運行期間	1961〜1988年
運行区間	バーゼル〜ミラノ
運転距離	372km
所要時間	約5時間2分

朝の「ゴッタルド」がアーレ川に架かるブルック
(Brugg)の大鉄橋を行く(1978年撮影)

EC塗装　EC時代のRAe TEEⅡ形電車。TEEマークは誇らしげだった

Gotthard《ゴッタルド》
時刻表

スイス			
バーゼル・SBB Basel SBB	発		7:38
チューリッヒ Zurich	着		8:39
	発		8:47
ベリンツォーナ Bellinzona	着		11:11
	発		11:13
ルガーノ Lugano	着		11:38
	発		11:40
イタリア			
コモ Como	着		12:06
	発		12:08
ミラノ中央 Milano Centrale	着		12:40

TEE時代の「ゴッタルド」の行先表示板

ミラノ中央駅でドイツからのEC（TEE客車）と並ぶ、元TEEの雄「ゴッタルド」

アルプスの峠に挑む美しき流線形の電車

１９５７年のＴＥＥ運行開始当初、スイスとＴＥＥの提唱国オランダを結ぶ列車はスイス国鉄（ＳＢＢ）とオランダ国鉄（ＮＳ）が共同開発したディーゼルカー、ＲＡｍ・ＴＥＥⅠ形を使用していた。

だが、ゴッタルド峠などアルプスの急勾配を越えてスイスとイタリア方面を結ぶＴＥＥはディーゼルカーでは無理ということで、スイス国鉄は各国の電気方式に対応した動力集中方式の電車、ＲＡｅ ＴＥＥⅡ形を開発し、１９６１年７月からチューリッヒ〜ミラノ間で運転開始したＴＥＥ「ゴッタルド」「ティチーノ」と、パリからローザンヌを経てミラノを結ぶ「シザルパン」に投入した。後に「ティチーノ」廃止と「シザルパン」の客車置き換え後は、オランダ・ベルギー方面への「イリス」「エ

運転台
今も人気が高いRAe TEEⅡ形の運転台。広い視野が特徴だ

客室内
開放形向かい合わせ座席ながら横3列とゆったりしている。コンパートメントと比べて両側の車窓風景が眺めやすい

ーデルヴァイス」に使用された。この電車を初めてチューリヒ中央駅で見たときの印象は強烈だった。得も言われぬアンティークな流線形、深紅とクリームの塗り分けに美しいTEEのマーク、車体側面の窓上にはこれも深紅の「Trans Europ Express」の文字。私の写欲を掻き立てるには十分な列車だった。

　この電車でゴッタルド峠を越えたいという想いに駆られたが、残念ながら当時はスイス国内でTEEを撮影することに終始し、憧れのRAe TEE Ⅱ形に乗ったのは、TEEから〝格落ち〟してユーロシティ(EC)となった「ゴッタルド」だった。TEEのマークはそのままながら、色はグレーに塗り替えられておりガッカリしたものだが、ミラノ中央駅の大ドームの下にあって存在感は十分だった。

ループ線　「ゴッタルド」のハイライト、ゴッタルド峠のループ線。すでに下段のループには後続列車が入ろうとしているた

三段ループの偉容
三段ループが目前に迫る。まるで立ちはだかる壁の中に突入するような気持ちだった

TEE時代の面影は十分 EC「ゴッタルド」の旅

　このEC「ゴッタルド」で、待望のRAe TEEⅡ形での峠越えを体験したが、TEE時代さながらの旅を満喫したのは言うまでもない。ゴッダルドトンネルは、北側と南側の両方に列車が高低差を乗り越えるための幾重にも重なるループ線が設けられ、山岳鉄道の趣を強く感ずる。トンネルの南側にあるビアシーナのループ線から連続2回転のループ線を回り、はるか眼下の通過した線路を見れば、後続の急行列車が第一段のループに突入するところだった。トンネルの全長は約15㎞で、トンネル内にあるサミットは標高1151mと列車のガイドブックにあった。この時の旅では、ミラノ行きの「ゴッタルド」とすれ違うシーンも見ることができた。

　ゴッタルド峠越えのルートは20

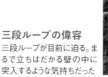

ゴッタルド峠ですれ違うスイス行きのEC「ゴッタルド」

珍客　ゴッタルド峠は臨時列車や観光列車も多かった。写真は西ドイツの「ガラス電車」

スイスTEEの顔

RAe TEEⅡ形電車はTEE「エーデルワイス」「イリス」などと共通運用だった。写真はスイス国内を走る「イリス」

エーデルワイス

朝日を浴びてTEEマークも誇らしげに走る「エーデルワイス」

16年6月に全長約57kmのゴッダルドベーストンネルを通る新線が開通し、今は残念ながら「優等列車」では体験できないが、「旧線」で運転されているので、ローカル列車はのんびりと峠越えの旅を体験してみてはいかがであろうか。

ブリュッセルへ　チューリヒ中央駅に到着する回送列車。これからTEE「イリス」となってブリュッセルに向けて出発する

Gotthard MAP

Gotthard Column

1961年デビューの南海鉄道特急専用車両デラックスズームカー20000系は、スイスのRAeTEE II形電車と色も形もよく似ており共通点が多い。だが、製造年が同じなので、どちらかが参考にしたかどうかは微妙である。

Chapter 6

車両カタログ

1975年から1980年代後半まで約10年間、毎年渡欧してTEEと接してきたが、それでも全列車は撮影しきれていない。そこでせめて旅情を感ずる列車のサボ（行先表示板）の撮影とでも、と思い、精力的にTEEに会いに行った。

南 正時が撮影した TEEの数々

TEE Rembrandt

レンブラント

1967〜1983年
アムステルダム〜ミュンヘン
オランダのバロック様式の有名な画家「レンブラント」の名を冠したTEE。牽引する機関車はオランダ国鉄の代表的機関車アメリカンロコの1200型電気機関車。

TEE Prinz Eugen

プリンツオイゲン

1971〜1978年
ブレーメン〜ウィーン
名のいわれはフランス生まれの貴族の名前でオーストリアに仕えた軍人で、プリンツはドイツ語で「公子」を言う。

TEE Saphir

サフィール

1957〜1979年
ブリュッセル〜ニュルンベルク
サフィール踊り子と同じ宝石のサファイアから命名したもの、区間運転は編成が4両前後だった。

TEE

Van Beethoven

ヴァン・ベートーヴェン

1972〜1979年
アムステルダム〜ニュルンベルク
ドイツが生んだ大作曲家「「ルードヴィヒ・ヴァン・ベートーヴェン」にちなむ。
ボンにベートーヴェンの生家がある。

TEE

Erasmus

エラスムス

1973〜1980年
デン・ハーグ〜ミュンヘン
オランダで活躍した、カトリック司祭、哲学者の名前が由来という。

TEE

Roland

ローラント

1969〜1980年
ブレーメン〜ミラノ
中世・ルネサンス期の文学作品においてシャルルマーニュの聖騎士の筆頭として登場する人物、戦国戦士の名を冠していた。

TEE

L'Ile de France

イル・ド・フランス

1957〜1987年
パリ〜アムステルダム
名の由来はパリの郊外一帯を指す
「イル・ド・フランス」から命名された。

TEE

L'Oiseau Bleu

オワゾブルー

1957〜1984年
パリ〜ブリュッセル
ベルギーの作家、モーリス・メーテルリンクの「青い鳥」にちなみ命名された。
チルチルとミチルがでてくる物語。

TEE

Le Rhodanien

ロダニアン

1971〜1978年
パリ〜マルセイユ
TEEミストラル(パリ〜ニース)を補完するフランス国内のTEEだった。
スイスからフランスを経て地中海に流れるローヌ川の沿岸をいう。

Arbalète
アルバレート

1957〜1979間
パリ〜ミュルーズ〜チューリッヒ
列車名はフランス語で機械弓(クロスボウ)の意味。
歴史の長いTEEだった。

Watteau
ヴァトー

1978〜1991年
パリ〜トゥールコワン
アントワーヌ・ヴァトーは、ロココ時代のフランスの画家から命名された。TEEで最後まで残ったフランス国内のTEE列車だった。

Le Capitole
キャピトール

1970〜1984年
パリ〜トゥールーズ
TEE「アキテーヌ」「エタンダール」と共にグランコンフォール客車を200km/hで走行していた。キャピトール(キャピタル)とは中央政府が拠点とする都市。首都などを表す。

Edelweiss
エーデルヴァイス

1957〜1979年
ブリュッセル〜チューリッヒ
TEEの中でも歴史を持つ列車だった。「エーデルワイス」はスイスの国花である高山植物で映画「サウンドオブミュージック」で歌われた。

TEE 列車一覧

列車名	原語表記	運行期間	運行経路
A			
アドリアティコ	Adriatico	1973～1987	ミラノ～リミニ～バーリ
アルベルト・シュヴァイツァー	Albert Schweitzer	1980～1983	ドルトムント～マインツ～ストラスブール
アンブロシアーノ	Ambrosiano	1974～1987	ミラノ～ローマ
アキテーヌ	Aquitaine	1971～1984	パリ（オステルリッツ駅）～ボルドー
ラルバレート	Arbalète	1957～1979	パリ（東駅）～チューリッヒ
アウロラ	Aurora	1974～1975	ローマ～ナポリ～レッジョ・ディ・カラブリア
B			
バッカス	Bacchus	1979～1980	ドルトムント～シュトゥットガルト～ミュンヘン
バヴァリア	Bavaria	1969～1977	チューリッヒ ～リンダウ～ミュンヘン
ブラウエル・エンツィアン	Blauer Enzian	1965～1979	ハンブルク～ハノーファー～ミュンヘン
ブラバント	Brabant	1963～1984	パリ（北駅）～ブリュッセル（南駅）
C			
ル・キャピトール	Le Capitole	1970～1984	パリ（オステルリッツ駅）～トゥールーズ
カタラン・タルゴ	Catalán Talgo	1969～1982	バルセロナ～ジュネーヴ
シザルパン	Cisalpin	1961～1984	パリ（リヨン駅）～ローザンヌ～ミラノ
コロッセウム	Colloseum	1984～1987	ミラノ～ローマ
キクヌス	Cycnus	1973～1978	ミラノ～ヴェンティミリア
D			
ディアマント	Diamant	1965～1976	アントウェルペン～ドルトムント
E			
エーデルヴァイス	Edelweiss	1957～1979	アムステルダム～チューリッヒ
エタンダール	L'Étendard	1971～1984	パリ（オステルリッツ駅）～ボルドー
エトワール・デュ・ノール	L'Étoile du Nord	1957～1984	パリ（北駅）～アムステルダム
F			
フェデルブ	Faidherbe	1978～1991	パリ（北駅）～トゥールコワン

フリードリヒ・シラー	Friedrich Schiller	1979～1982	ドルトムント～シュトゥットガルト
G			
ガンブリヌス	Gambrinus	1978～1983	ハンブルク・アルトナ～ミュンヘン
ガヤン	Gyant	1978～1986	パリ（北駅）～トゥールコワン
ゲーテI	Goethe	1970～1975	パリ（東駅）～フランクフルト・アム・マイン
ゲーテII	Goethe	1979～1983	ドルトムント～ケルン～フランクフルト・アム・マイン
ゴッタルド	Gottardo	1961～1988	チューリッヒ（中央駅）～ミラノ
H			
ハインリッヒ・ハイネ	Heinrich Heine	1979～1983	ドルトムント ～ケルン～フランクフルト・アム・マイン
ヘルヴェティア	Helvetia	1957～1979	ハンブルク・アルトナ―バーゼル～チューリッヒ
I			
イル・ド・フランス	L'Ile de France	1957～1987	パリ（北駅）～ブリュッセル～アムステルダム
イリス	Iris	1974～1981	ブリュッセル（南駅）～ルクセンブルク～チューリッヒ
J			
ジュール・ヴェルヌ	Jules Verne	1980～1989	パリ（モンパルナス駅）～ナント
K			
クレベール	Kléber	1971～1989	パリ（東駅）～ストラスブール
L			
レマノ	Lemano	1958～1982	ジュネーヴ～ローザンヌ～ミラノ
リギュール	Ligure	1957～1982	マルセイユ～ヴェンティミリア～ミラノ
リヨネ	Le Lyonais	1969～1976	パリ（リヨン駅）～リヨン
M			
メディオラヌム	Mediolanum	1957～1984	ミュンヘン ～インスブルック～ミラノ
メムリンク	Memling	1974～1984	パリ（北駅）～ブリュッセル（南駅）
メルクール	Merkur	1974～1978	シュトゥットガルト～コペンハーゲン
ル・ミストラル	Le Mistral	1965～1981	パリ（リヨン駅）～リヨン～ニース
モン・スニ	Le Mont Cenis	1957～1972	リヨン～シャンベリ～ミラノ
モリエール	Molière	1973～1979	パリ（北駅）～リエージュ～デュッセルドルフ

O			
オワゾブルー	L'Oiseau Bleu	1957〜1984	パリ（北駅）〜ブリュッセル（北駅）
P			
パルジファル	Parsifal	1957〜1979	パリ（北駅）〜ケルン〜ハンブルク・アルトナ
プリンツオイゲン	Prinz Eugen	1971〜1978	ブレーメン〜リンツ〜ウィーン
R			
レンブラント	Rembrandt	1967〜1983	アムステルダム〜ケルン〜ミュンヘン
ラインゴルト	Rheingold	1965〜1987	アムステルダム〜マインツ〜バーゼル〜ジュネーヴ
ライン・マイン	Rhein-Main	1957〜1972	アムステルダム〜ボン〜フランクフルト・アム・マイン
ラインプファイル	Rheinpfeil	1965〜1971	ドルトムント 〜ミュンヘン
ローラント	Roland	1969〜1980	ブレーメン〜バーゼル〜ミラノ
ルーベンス	Rubens	1974〜1987	パリ（北駅）〜ブリュッセル（南駅）
ロダニアン	Le Rhodanien	1971〜1978	パリ（リヨン駅）〜リヨン〜マルセイユ
S			
サフィール	Saphir	1957〜1979	オーステンデ 〜ブリュッセル〜ドルトムント
セッテベロ	Settebello	1974〜1984	ミラノ〜ローマ
スタニスラス	Stanislas	1971〜1982	パリ（東駅）〜ストラスブール
T			
ティチーノ	Ticino	1961〜1974	チューリッヒ〜ミラノ
V			
ヴァン・ベートーヴェン	Van Beethoven	1972〜1979	アムステルダム〜ケルン〜フランクフルト
ベスビオ	Vesuvio	1973〜1987	ミラノ〜ローマ〜ナポリ
W			
ヴァトー	Watteau	1978〜1991	パリ（北駅）〜リール〜トゥールコワン

Chapter 7

TEEと同年代を走った
ヨーロッパ国際列車

Lufthansa Airport Express

ルフトハンザ・エアポート・エクスプレス

DATA

Lufthansa Airport Express

運行期間	1982～1993年
運行区間	デュッセルドルフ～フランクフルト空港
運転距離	254km
所要時間	約2時間25分

新緑のライン渓谷のカーブ区間を行く「ルフトハンザ・エアポート・エクスプレス」。その特異なスタイルは世界中の航空機ファンにも話題になった。

DB

搭乗手続き　フランクフルト空港駅の「ルフトハンザ・エアポート・エクスプレス」チェックインカウンター

Lufthansa Airport Expres《ルフトハンザ エアポート エクスプレス》
時刻表

LH1001便		
デュッセルドルフ Düsseldorf	発	6:17
ケルン・ドイツ Köln Deutz	着	6:37
	発	6:38
ケルン中央 Köln Hbf	着	6:41
	発	6:42
ボン Bonn	着	6:59
	発	7:00
フランクフルト空港 Frankfurt Flughafen	着	8:42

*1982年運行開始時の時刻

客車の「航空便」
ホームではシュトゥットガルト中央駅行きの客車による列車が待機中

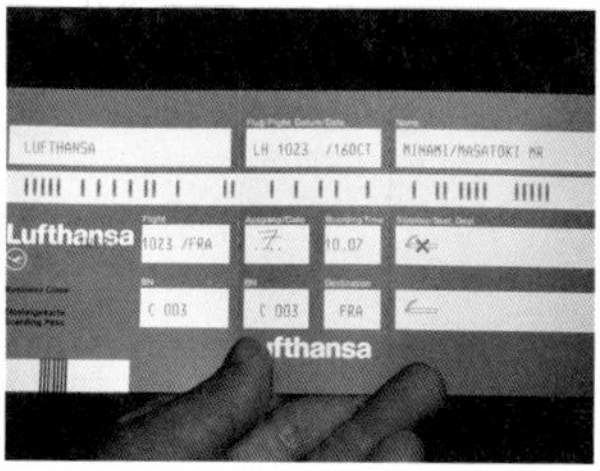

搭乗券　LHのビジネスクラス搭乗券で列車へは「搭乗」扱いだ

航空会社と鉄道がタッグ
地上を走る国内線フライト

　１９８３年3月27日から、フランクフルト空港駅とデュッセルドルフ空港駅間で「ルフトハンザ・エアポート・エクスプレス」(以下ＬＨＥｘｐ)を運行するというニュースを知ったとき、私はリリースされた写真を見て驚いた。車体の色はルフトハンザ・ドイツ航空(ＬＨ)の航空機カラーに塗られているものの、車両はあの西ドイツ国鉄(ＤＢ)起死回生の特急電車ＥＴ４０３形ではないか。

　ＬＨＥｘｐは、ＬＨが同区間の航空便扱いで運行し、全フライト9往復中の4往復を列車でまかなうというものだった。航空機の所要時間が1時間なのに対して列車は2時間30分〜3時間を要したが、航空券購入時にＬＨＥｘｐを選ぶと、車内ではビジネスクラスと同等のサービスが受けられるという特典と、運行ルー

客車内

客車の開放式座席車内。この席で機（車）内食が出された

ET403形車内

ET403形の6人コンパートメント。グループ客などに重宝された

ルフトハンザのCA

車内ではルフトハンザ・ドイツ航空のキャビンアテンダントが飛行機と同様のサービスを行っていた

トがほぼライン川に沿った景勝地ということもありたちまち人気を呼び、広くその存在が知られるようになった。

航空会社にとっては短距離路線の効率化となる一方、乗客にもサービスが好評で、LHは1990年夏からフランクフルト空港駅とシュトゥットガルト中央駅間に2路線目となるLHExpの運行を開始した。こちらは客車3両を機関車が牽引する列車で、1991年6月のICE運行開始後は103型電機を投入し、NBS（高速新線）を経由して同区間を最高速度200㎞／hで結ぶようになった。

私はLHの取材協力もあり、この2つのLHExpをほぼ同時期に乗り比べ同乗取材した。特にET403形による列車は、この車両に初めて乗るということもあり期待を抱いていた。

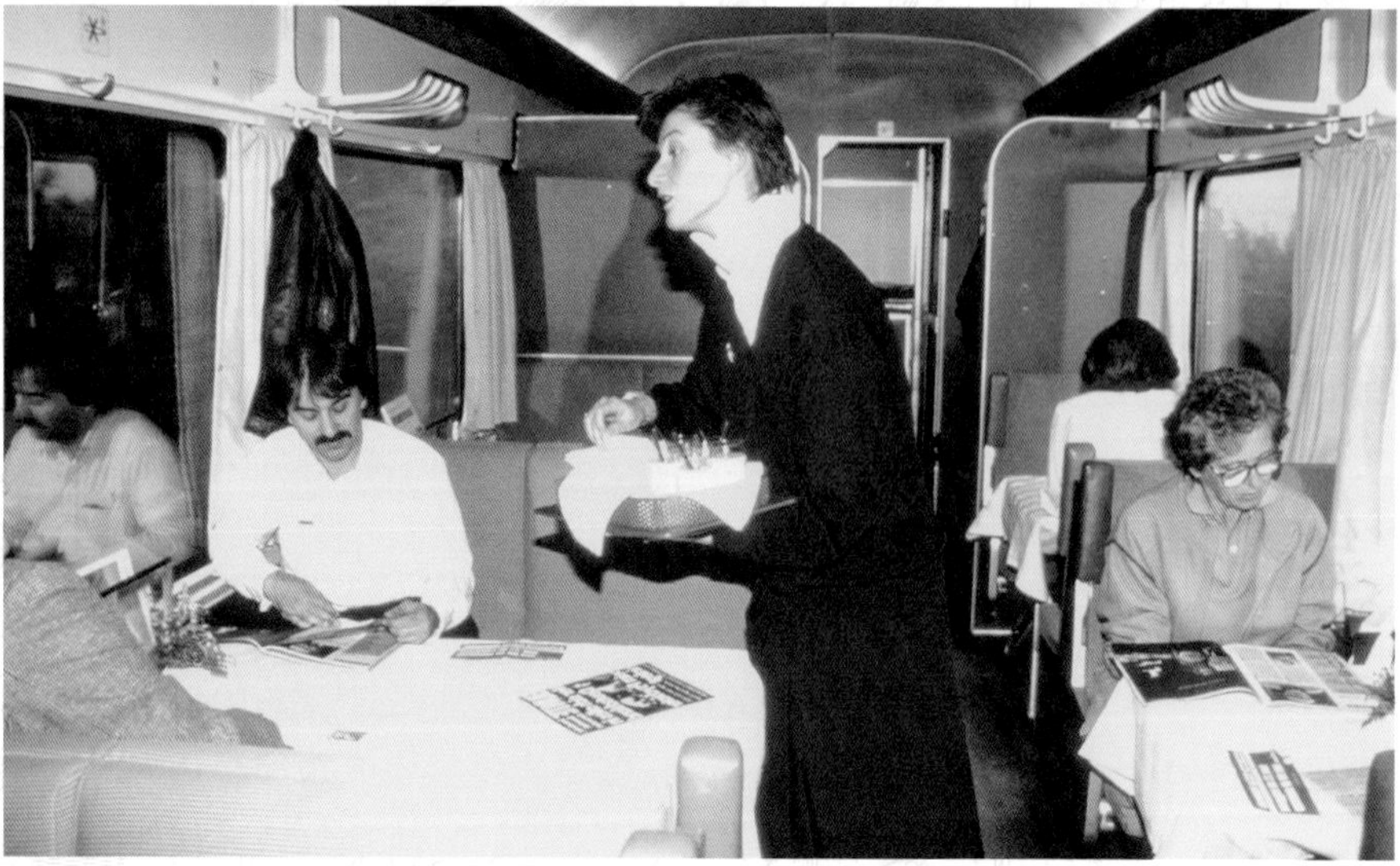

食堂車　ET403形には食堂車も連結され、サロンとしても利用できた。ウェルカムドリンクのサービス中

車内で「機内」食　この日の「フライト」の機内食、ビジネスクラスのコース料理のサービス中

列車は全車1等車でサービスはビジネスクラスと同等だった。飛行機と同じ器材で食事を配る

客室乗務員はLHのCA 車内のランチは「機内食」

フランクフルト空港駅で飛行機搭乗と同様のチェックインを済ませると地下駅を発車して、ライン渓谷の入口にあたるマインツに向かう。マインツからは一直線の線路を進み、ET403形は150km／h以上の速度で走るが、なるほど床下からのモーター音が気になる。電車に乗りなれている私は騒音とは感じないが、乗り心地を気にする欧州の人たちには気になることであろう。直線区間を過ぎるといよいよライン渓谷のカーブ区間に差し掛かる。この頃になると走行音は全く気にならない。もっとも、車窓の風景に気をとられていたこともあるが……。

キャビンアテンダント（CA）はすべてLHのスタッフで、車内の設備も航空機と同じものだ。ランチタイムの機（車）内食は、ビジネスクラス

ライン河に沿って　ライン河畔の景勝地、ポッパルトを走るET403形「ルフトハンザ・エアポート・エクスプレス」

ライン河と古城を眺めつつの「機内食」もまた格別に美味しかった

名勝として知られる「ローレライ」に差し掛かる

ET403形の運転台

運行乗務員はDBの鉄道員で、運転室のドアは開放されていた。私もET403形の運転台はこの時に初めて見ることができた

と同等のメニューとフリードリンクが振る舞われる。流れゆくライン河と古城を眺めつつモーゼルワインを口にすればこれはもう珠玉の列車の旅である。食事を終えて最前部に行くと、運転室のドアが開放されＥＴ４０３形のコクピットが見られた。ライン観光の拠点ともいうべきコブレンツからはライン河も遠のき、列車はボンを経由して商都デュッセルドルフに到着する。約３時間の「フライト」は快適な地上の旅であった。

短時間で快適に都心同士を結ぶということでＬＨＥｘｐは好評のうちに運航されたが、その後ＩＣＥが高速新線を経由して都市間を結ぶようになると、短距離航空路線は窮地に追い込まれて路線撤退を余儀なくされ、「航空路線」のＬＨＥｘｐもその使命を終えた。

名機103形が牽く「ルフトハンザ・エアポート・エクスプレス」

LH塗装で統一された
103形と客車

「搭乗」はLHのキャビンアテンダントがエスコート

Lufthansa Airport Express MAP

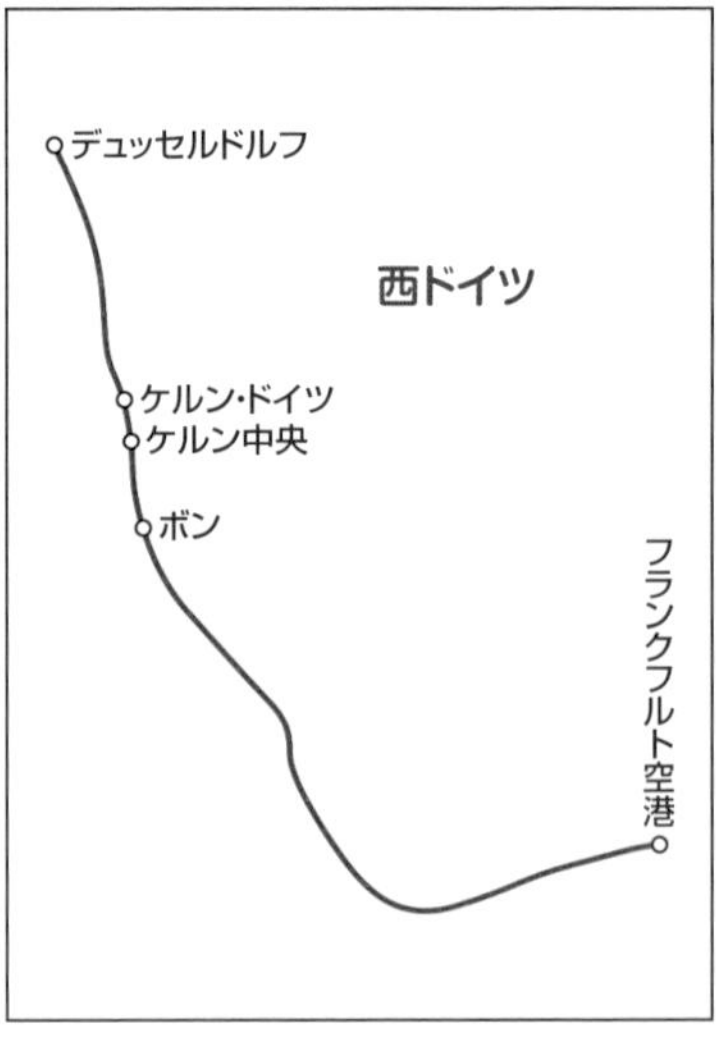

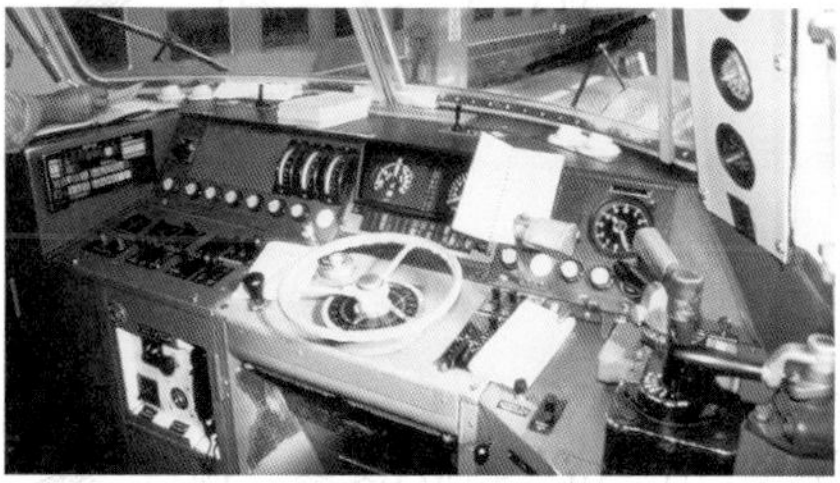

客室のサービスはLHのキャビンアテンダントだが、
運転を担当するのはDBの機関士だ

運転台 LH仕様の103形機関車のコクピット。
ここも停車中に見学できた

開業直後のNBS(高速新線)シュトゥットガルト線を200km/hで走る姿。シュトゥットガルト近郊で撮影

ギャレー　客車では航空機と同じ器材のレイアウトとなっており、機内同様の環境だった

機（車）内サービスの準備をするLHのキャビンアテンダント

ビジネスクラス

さすがはLHのビジネスクラス機内サービス、座席のテーブルに乗り切らない料理と高級ワインがふるまわれた

客車入口には新聞と雑誌の入ったマガジンラック。今となっては懐かしいサービスだ

Lufthansa Airport Express Column

まるでアーバンライナーなET403形電車

窓周りに黒と赤の帯を巻いた原型塗装のET403形。側面窓上に「IC」のロゴも入っていた。1978年、ミュンヘン機関区にて特別に撮影

IC「ヘルメス」として運用されていたET403形。アウグスブルク近郊にて1978年撮影

インターシティ用として登場したユニークな流線形電車

西ドイツ国鉄(DB)がTEE・インターシティ(IC)用として1973年に製造した電車がET403形だ。4両ユニットの全電動車編成で、最高速度は210km/hを誇った。1978年当時はIC「ヘルメス」(ミュンヘン～ブレーメン間)に使われていたが、実際に運用してみると機関車牽引方式にはない数々の問題が明らかになり予備車となった。その車両に着目して誕生したのがルフトハンザ・エアポート・エクスプレスだった。

ユニークな流線形車体は、後に登場した近鉄アーバンライナー21000系にも影響を与え、以後日本の特急列車のデザインにも営業を与えたのではないか、とはET403を実体験した私の想いである。

402-045
2

EuroNight Allegro Don Giovanni

ユーロナイト・アレグロ・ドン・ジョバンニ

DATA

EN　Allegro Don Giovanni

運行期間	2003～2016年
運行区間	ヴェネツィア～ウィーン
運転距離	630km
所要時間	約12時間04分

夜のとばりが降りる頃、ヴェネツィア・サンタ・ルチア駅からは国際夜行列車が発車を待っている。E402A形電気機関車が先頭に立つEN「アレグロ・ドン・ジョバンニ」ウィーン行き

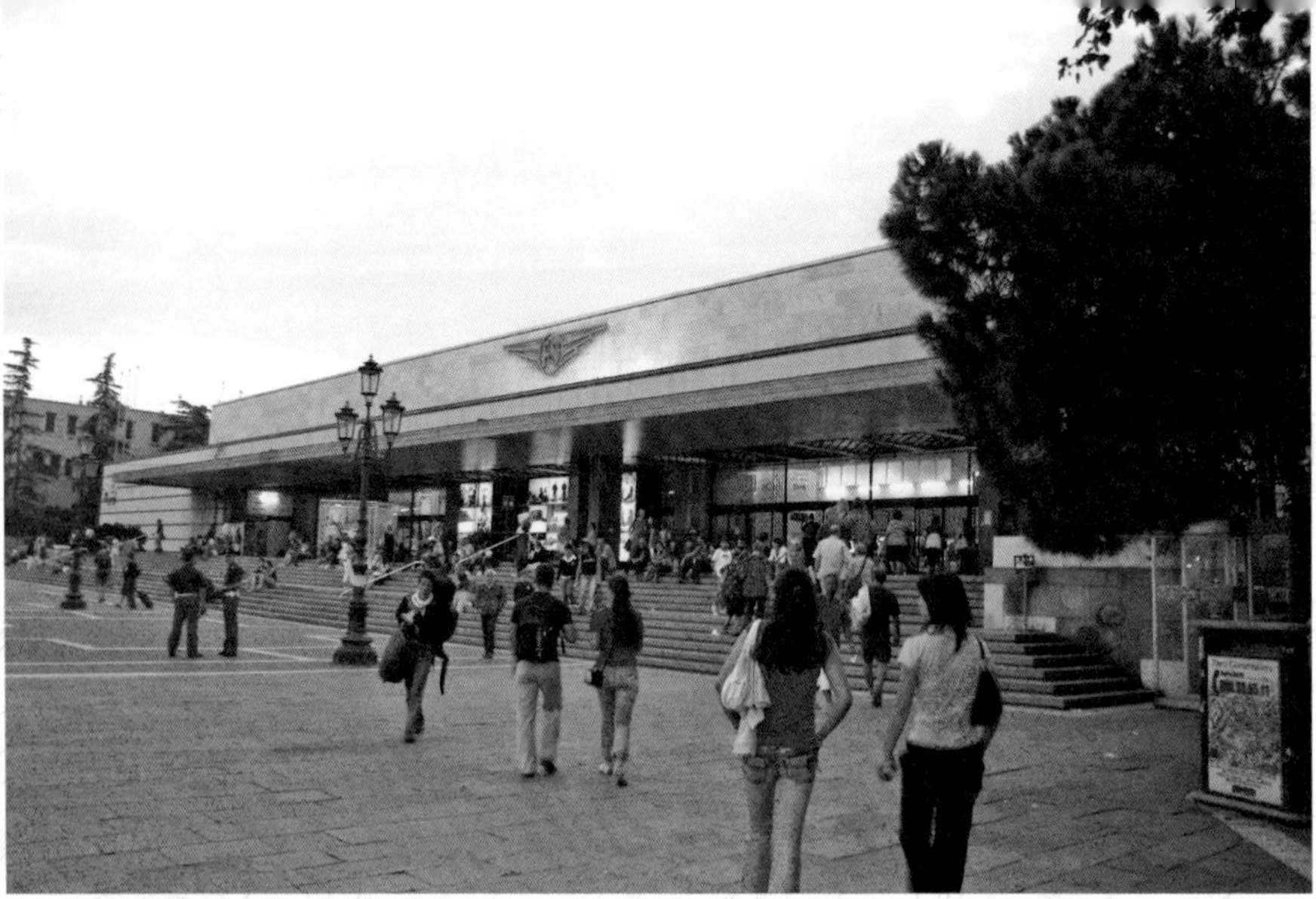

サンタ・ルチア駅　夕暮れのヴェネツィア・サンタ・ルチア駅、駅名からして旅情を感ず

1等寝台のウェルカムドリンクとフルーツセット。ツインの部屋をシングルユースなので2人分サービスされていた

EN「アレグロ・ドン・ジョバンニ」の行先も旅情溢れる駅名ばかりだ

EN　Allegro《アレグロ》 Don《ドン》 Giovanni《ジョヴァンニ》 時刻表

イタリア		
ヴェネツィア・サンタ・ルチア Venezia Santa Lucia	発	21:05
ヴェネツィア・メストレ Venezia Mestre	着	21:15
	発	21:18
ウーディネ Udine	着	23:07
	発	23:09
タルヴィジオ・ボスコベルデ Tarvisio Boscoverde	着	0:05
	発	0:20
オーストリア		
ヴィラッハ Villach	着	0:42
	発	1:46
ザルツブルク Salzburg	着	4:09
	発	5:00
リンツ Linz	着	6:27
	発	6:30
ウィーン西 Wien Wes	着	8:28

＊主要駅の発着時刻を掲載

水の都からウィーンへ寝台車で快適な夜の旅

ゆっくりヴェネツィアを観光した後、駅近くのリストランテで海鮮料理を楽しみ、国際夜行列車「ドン・ジョバンニ号」に乗る。EN（ユーロ・ナイト）と呼ばれる列車で、モーツァルトの生誕地ザルツブルクを経由してウィーンに至る。愛称はモーツァルトのオペラ「ドン・ジョバンニ」から命名された。

寝台車は1等車が2人用コンパートメント、2等車は6人用で、私は

1等寝台　1等寝台は2人用2段寝台個室だが、シングルユースも可能だ

まるでブルトレ?
1等寝台コンパートメントで和服で寛ぐ。日本の寝台特急の雰囲気だった

寝台客車は最高速度200km/hを誇り、寝台列車では異例の高速だ。ただし最高速度で走ることはほとんどない

1等をシングルユースして完全個室にした。室内に入るとテーブルの上にウェルカムドリンクとフルーツが2人分。2人個室なのでなにもかも2人分用意されているようだった。

　まず日中の「作業着」から日本から持参した浴衣に着替える。これはちょっとした日本のブルートレインの雰囲気であった。ヨーロッパの寝台列車ではたとえ1等車でも、日本のような着替えの浴衣などはない。私は浴衣の他に持ち運びが楽な「甚平」をパジャマ代わりしている。リラックスした夜汽車を体験できるからだ。

　個室での朝食は係員が2人分を持ってきた。さすがは欧州、かなりのボリュームで2人分ペロリとはいかなかった。ゆっくりと朝食を終えるとウィーンに到着した。

光が織りなす夜行列車の旅。もはや日本ではほとんど味わえない旅情である

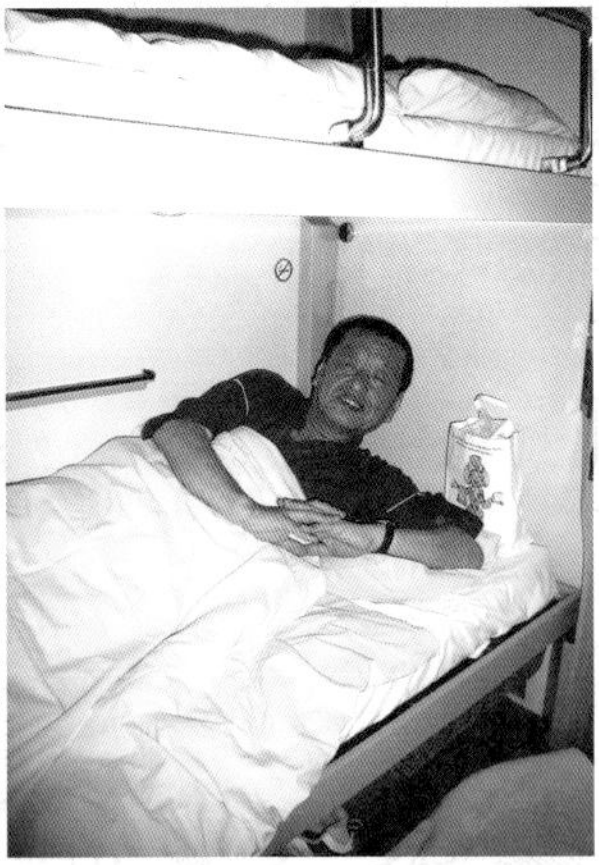

1等寝台といえども欧州ではパジャマの類は用意されていないので、日本から持参

ザルツブルク

音楽の街、ザルツブルクには早朝に到着。乗降客はほとんどいなかった

朝食
ツインのシングルユースなので
朝食も2人分だった

チロルの朝
やがて行く手に朝陽が昇る。
チロルの朝がきた

夜明けの車窓
夜が白々と明けると、雲海に包まれた
村が車窓を横切る

EN　Allegro Don Giovanni MAP

ウィーン西駅
終着駅のウィーン西駅。ウィーンは音楽の都と同時にトラムの街でもある

EN Allegro Don Giovanni Column

映画「第三の男」で登場したプラター公園の大観覧車

ウィーンの路面電車

ウィーン市電は28系統約176kmの路線網(2018年度)を誇る。私は地下鉄と路面電車に乗って映画「第三の男」(キャロル・リード監督／1949年・イギリス映画)で有名なプラーター公園にある大観覧車を見に行った。クラシックな観覧車が、ジョセフ・コットンやオーソン・ウェルズを思い起こさせて感慨無量。観覧車と古い車両のツーショットを撮ったが、この路線は最近廃止されたとウィーンの友人から知らされた。

EuroNight Allegro Don Giovanni
Special Trip

ウィーンから世界遺産のゼメリング鉄道へ

石造りの橋梁　ゼメリング鉄道には美しい意匠を施した16の橋梁がある。文字通り「世界遺産」の鉄道といえよう

ゼメリング駅　峠の駅、ゼメリング駅に到着したEC列車

ゼメリング鉄道を目指して走るローカル列車の車窓風景

世界遺産の峠越え鉄道へ ウィーンから日帰り旅行

ウィーン西駅に到着後、すぐ駅前のホテルに入り荷物を整えてからゼメリング鉄道経由のECに乗る。これは150年前に初めてアルプスを越えた鉄道で、1998年に鉄道そのものがユネスコの世界遺産に登録された。今日は爽やかな快晴で、清々しい気分で峠の旅ができそうだ。

ゼメリング鉄道は16の石造り高架橋と16のトンネルからなる。開通は1854年で、汽車がアルプスを越えることは絶対不可能といわれた言われた時代に、敢然と挑戦したのはイタリアの土木技師、ギガであった。

グロックニッツ駅を発車すると、急カーブの連続で次第に高度を上げてゆき、雄大なΩ(オメガ)カーブの連続で標高99

記念公園
ゼメリング駅ホームに隣接する「世界遺産記念公園」。ギガの偉業を顕彰している。旧型ディーゼルカーも展示している

保存電機
駅構内には旧型電気機関車やかつての蒸気機関車も保存されている

5mの峠を越え、全長1400mのゼメリングトンネルを越えるとミュルツーシュラーク駅に到着する。私は折り返しの各駅停車でゼメリング駅に向かった。構内にはギガの偉業を称え、世界遺産の顕彰碑と古いディーゼルカーが保存されている。

この駅からタクシーでハイライトの「カルテリンネ橋梁」まで行く。古代ローマの建築様式を意識して設計されたという雄大な二層構造の石橋で、国際列車や重量貨物列車がひっきりなしにやってくる。日本でいえば江戸時代に完成した複線の大幹線が150年間変わらぬままに使用されているのだから、感心するやら驚くやら、大きなカルチャーショックを受けた。

カルテリンネ橋

ゼメリング鉄道のハイライト、カルテリンネ橋。古代ローマの建築様式を意識して設計されたという。見る者を圧倒する現役の鉄道遺産である

橋上から見たアルプス越えの国際列車。
重量貨物列車もひんぱんに行き交う

下から見上げれば威風堂々、まるでローマ
時代の古代遺跡のようだ

歴史資料館
ゼメリング駅の資料館
には鉄道建設の歴史
が展示されている

DSB
468

Fugleflugtslinjen & Storebæltsforbindelsen

渡り鳥ルート＆大ベルト海峡

DATA

Fugleflugtslinjen	
運行期間	1963〜2019年
運行区間	コペンハーゲン〜ハンブルク
運転距離	360km
所要時間	列車により異なる

DATA

Lyntog Limfjorden	
運行期間	1966〜1991年
運行区間	コペンハーゲン〜フレデリクスハウン
運転距離	591km
所要時間	約6時間47分

＊大ベルト海峡の代表的列車を記載

西ドイツのTEEディーゼルカーをベースに造られたデンマークのMA形。「リュントー」に使用されていた。オーデンセ駅にて（1978年撮影）

コペンハーゲン
デンマークの首都、コペンハーゲン駅の駅舎

駅ホーム
コペンハーゲン駅を発車する急行列車。ディーゼル機関車牽引の列車が多かった

フェリー航送 1970年代のデンマークは列車をフェリーで航送するルートが不可欠だった

Fugleflugtslinjen《渡り鳥ルート》
D333列車時刻表

西ドイツ		
ハンブルク・アルトナ Hamburg Altona	発	11:17
リューベック Lübeck	発	12:11
プットガルテン Puttgarden	発	13:25
フェリー航送		
デンマーク		
ロービュ Rødby	着 発	14:20 14:34
コペンハーゲン København	着	16:29

＊主要駅を記載

Lyntog《リュントー》 Limfjorden
時刻表

コペンハーゲン København	発	7:15
コアセー Korsør	発	8:18
フェリー航送（大ベルト海峡）		
ニュボー・フェリー Nyborg Ferry	着	9:23
ニュボー Nyborg	発	9:33
オーデンセ Odense	着	9:52

＊一部区間の主要駅を記載

フェリーで海を渡った国際列車や「いなづま」

北欧の玄関口デンマークは、首都コペンハーゲンを擁するシェラン島をはじめとする多くの島々とユトランド半島の北部からなる。このため、コペンハーゲンと隣のフュン島との間の「大ベルト海峡」や、ドイツとの間を結ぶ「渡り鳥ルート」では、近年になってトンネルや橋が開通するまで、フェリーによる車両の航送が行われていた。

かつてデンマークの国内優等列車の代表格は「Ｌｙｎｔｏｇ（リュントー、いなづまの意味）だった。車両は西ドイツ国鉄（ＤＢ）のボンネット形ＴＥＥ用ディーゼルカー、ＶＴ６０１形のデンマーク仕様といえるＭＡ形で、ＤＢの車両と大きく異なるのは編成の途中で分割できるよう貫通扉付きの先頭車が組み込まれていたことだった。営業最高速度１４

渡り鳥コース
ドイツからコペンハーゲンに至る列車は近年までフェリー航送が行われていた

車両も船内に　国際航路なので船内には免税売店も整っている

Fugleflugtslinjen & Storebæltsforbindelsen MAP

船倉には自動車と一緒にIC3形も積み込まれる

船内では乗客は列車から降りて船旅を楽しむ

0km／hの性能を誇り、海峡を越える際は4＋4両に分割されてフェリーに積み込まれた。

フェリーに列車ごと積み込んで輸送するのは日本人にとっては珍しく、興味を持って「いなづま」に乗ったものだ。その旅で印象的だったのが、コペンハーゲンからオーデンセへ向かう際の「大ベルト海峡」だった。8両を2分割した「いなづま」のフェリー航送に旅情を感じたものだった。

この「いなづま」のディーゼルカーは1984年ごろにそれまでの赤色から銀色塗装に変更され、1990年から新型車両投入により引退が進んだ。現在は、コペンハーゲンとオーデンセ間は1997年に開業した海底トンネルと橋による「大ベルト海峡リンク」で結ばれている。

足を伸ばしてアンデルセンの生誕地オーデンセへ

アンデルセンの生家へ

アンデルセンの生家

アンデルセンの生家には観光客が引きも切らず訪れる

オーデンセ

緑の中に佇むオーデンセ駅。1978年撮影

アンデルセンの生家を示すプレート

アンデルセンの生家付近は当時の街並みが残り、かつての姿を色濃く残している

アンデルセン生誕の街に北欧最大の鉄道博物館が

現在はデンマーク第3の都市となっているオーデンセは、コペンハーゲンのあるシェラン島とユトランド半島の間に位置するフュン島を代表する街で、古都として知られる。

童話作家アンデルセンの生誕地としても有名で、生家の周辺は当時の街並みが保存されて観光客で賑わっている。そのオーデンセでもうひとつの見どころがデンマーク鉄道博物館である。

駅に隣接するオーデンセ機関庫を整備してできた博物館は北欧で最大の規模を誇り、1万平方mの敷地に蒸気機関車をはじめ、歴代の機関車や客車など50両以上が展示されている。

オーデンセ滞在のひとときを鉄道博物館で過ごしてみた。

デンマーク鉄道博物館へ

鉄道創立機からの車両を収蔵。垂直尾翼?
を立てた流線形車両も

王立鉄道博物館
オーデンセ駅に隣接して鉄道博物館がある

古典車両には当時の服装
の人形があり、私も当時の
衣装で見学した

王立博物館の証
デンマーク王立であることを表している
シンボルマーク

食堂車
豪華列車に使用されたワゴン・
リの食堂車。正装?で臨む

大ベルト海峡は橋とトンネルで結ばれた

大ベルト海峡の海底トンネルを抜けたIR4形。巨大な橋梁は自動車専用のハイウェーになっている

デンマークの幹線ルートは長大な橋とトンネルで直結

デンマークの電化区間を走るIR4形のインターシティ

コペンハーゲンのあるシェラン島とフュン島を隔てているのが大ベルト海峡だ。かつては列車ごとフェリーで輸送していたが、現在は橋とトンネルによる長さ約18kmの大ベルト海峡リンクで結ばれている。中間のスプロゴ島を境に西側が鉄道・道路両用の橋、東は鉄道のみトンネルで、1997年6月に開通した。

Fugleflugtslinjen Column

大ベルト海峡のアプローチを終えて
いよいよ海底トンネルに突入

特別に運転台から海底トンネル通過を取材。
思ったより以上に明るいトンネルだった

大ベルト海峡の鉄道は、貨物輸送にも大きな力となっている

Le Train Bleu

ル・トランブル

DATA

Le Train Bleu

運行期間	1886～2003年
運行区間	パリ～ヴェンティミリア
運転距離	1121km
所要時間	約12時間34分

夜も更けて
寝台車の子供。眠そうな表情をしていた

晩年の姿
晩年の「ル・トランブル」はクシェット(簡易寝台)や座席車など雑居編成の急行だった

コートダジュールへ向かう欧州の代表的豪華夜行列車

フランスの豪華列車「青列車」(Le Train Blue　ル・トランブル)は、パリ(またはカレー)と南仏のコートダジュールを結んでいた夜行急行である。１８８６年にカレーからパリを経て南仏に至る「カレー・地中海急行」としてワゴン・リ(国際寝台車会社)が運行を開始し、１９２２年の新型車両導入時にその車体塗装から「ル・トランブル」(青列車)と呼ばれるようになった。１９４７年には正式な列車名となった。

ヨーロッパを代表する豪華列車だったことから最高級のバカンス列車として名声を博し、多くの著名人が利用した。しかし、ワゴン・リ社が寝台車の営業を１９７１年に終了したことに伴い、運行はフランス国鉄に引き継がれ、大衆化された一般の夜行寝台列車になってしまった。２

朝日を浴びて走る「ル・トランブル」

Le Train Bleu《ルトランブル》 時刻表

フランス		
パリ・リヨン Paris Lyon	発	20:45
ディジョン Dijon	着	23:50
	発	23:54
リヨン・ペラッシュ Lyon Perache	着	1:48
	発	1:53
マルセイユ・ブランカルデ Marseille Brancalde	着	5:27
	発	5:38
トゥーロン Toulon	着	6:17
	発	6:23
サン・ラファエル St. Raphaël	着	7:14
	発	7:17
アンティーブ Antibes	着	7:59
	発	8:03
ニース Nice	着	8:17
	発	8:35
ボーリュー・シュル・メール Beaulieu-sur-Mer	着	8:42
	発	8:44
モナコ		
モナコ・モンテカルロ Monaco-Monte Carlo	着	8:53
	発	8:55
フランス		
マントン Menton	着	9:05
	発	9:08
イタリア		
ヴェンティミリア Ventimiglia	着	9:19

早朝のパリ・リヨン駅に到着する「ル・トランブル」(右)

Le Train Bleu MAP

003年には「青列車」の名が消え、2007年には寝台車の営業も終了した。

Le Train Bleu

Special Trip

パリ・リヨン駅のレストラン「ル・トランブル」へ

前菜　サラダ仕立ての前菜。すっかり舞い上がっていたので細かくチェックしなかった

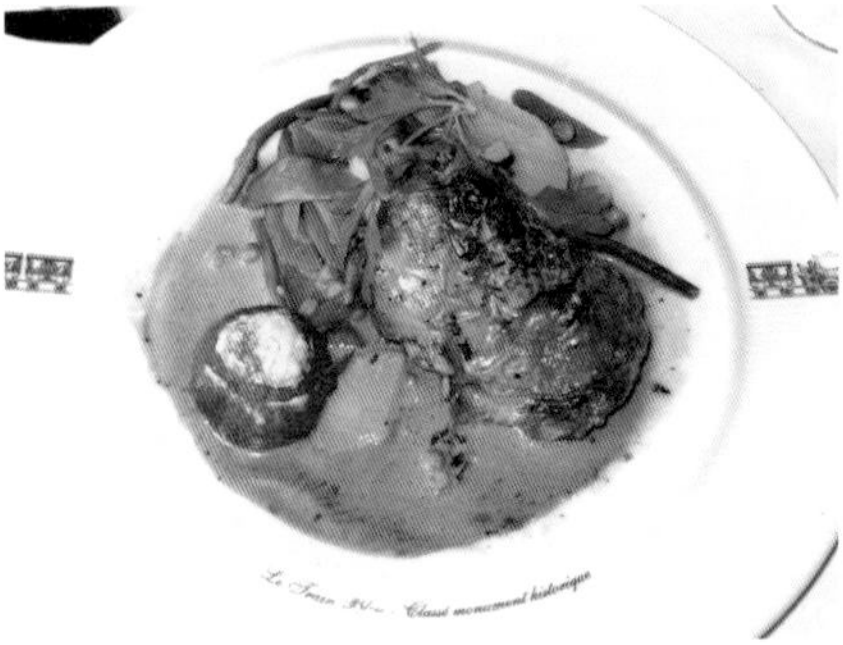

メインディッシュ　メインディッシュの鴨料理。独特のソースで頂く

デザート　食後にはボリューム満点のスイーツが出される

ル・トランブル

ダパリ・リヨン駅構内にあるレストラン「ル・トランブル」。1階はホームから続くオープンカフェになっている

「青列車」の伝統が残る名門レストラン

「青列車」のパリの発着駅だったパリ・リヨン駅の構内には1901年創業の老舗レストラン「ル・トランブル」がある。駅舎完成の翌年にオープンし、ベル・エポック調の豪華な店内にはフレスコ画や彫刻、豪華なシャンデリアなど、とても「駅の食堂」とは思えない優雅な空気が流れている。

それもそのはず「ル・トランブル」はパリの名門レストランで、鉄道利用者だけでなく数多くのグルメが訪れている。有名デザイナーのココ・シャネルや女優のブリジット・バルドー、故ミッテラン大統領らも頻繁に来店していた。

まるで宮殿　パリ・リヨン駅構内のレストラン「ル・トランブル」はまるで宮殿にでも来たかのような豪華なインテリアを誇る

2階のテラスからは駅ホームが一望できる。豪華なトレインビューレストランといったところだ

ランチでも一応ネクタイ着用、正装に近いドレスコードで

Dresden to Praha

ドレスデンからプラハへ

ドレスデン中央駅　復元された重厚な建築のドレスデン中央駅

いざ、最初の目的地「温泉」へ。チェコの客車を連ねた列車で向かう

1等車
ゆったりした1等車の座席で寛ぐ筆者

チェコの電機
ドイツとチェコを結ぶ国際列車を牽く機関車

ドイツからチェコへ 国際列車で温泉の旅

ドレスデン中央駅10時05分発のEC（ユーロシティ）でチェコへ。エルベ川沿いに走る風光明媚な車窓を眺めつつ、温泉大好きの私は待望のチェコの温泉保養地「カルロヴィ・バリ」へ向かう。

ここの温泉は「飲泉」が主体で泉質は含鉄泉食塩泉。いわゆる日帰り共同浴場もあり、まずはホテルで持参の浴衣に着替えて温泉街を散策する姿はまさに日本の温泉感覚。そういえば川を挟んだ温泉街はどこか城崎温泉に似ている。共同浴場は入場料金2時間でおよそ700円。混浴なので水着を着用して入る。湯上がりに当地発祥のピルスナービールが美味い。

せっかくの温泉で朝湯を楽しみたいところだが、カルロヴィ・バリ駅発7時42分の急行列車でプラハへ向

カルロヴィ・バリ 温泉保養地で知られるカルロヴィ・バリ駅。構内は広いが駅本屋はローカル然としている

飲泉
カルロヴィ・バリの温泉は「飲泉」が特徴だ

温泉街各所に飲泉所があり、独特の飲み方で温泉を飲用している

温泉散策
温泉街を流れる川の雰囲気は日本の温泉に似ている。浴衣がけで散策

共同浴場
共同浴場で温泉浴。混浴なので水着着用がマナー

かう。温泉地とプラハはバスが約2時間で結んでいるが鉄道ファンとしては4時間の列車の旅を選びたいもの。バスの倍の時間を費やして移動する。プラハまではエルベ河畔を走り、車窓風景に退屈することはなかった。

11時46分、プラハ・ハルビニ駅着。駅舎は歴史を感じさせる古い駅だが駅構内は閑散としていた。だが、プラハの町はロマネスク、ゴシック、ルネッサンス、バロック、アール・ヌーヴォーなど、さまざまなヨーロッパの建築様式の宝庫で、プラハ・ハルビニ駅もそのひとつ。ゆえに町全体が世界遺産に登録されている。このような美しい街には路面電車が良く似合う……というわけで市内散策には路面電車を利用する。プラハ城、エルベ川、旧市街地などを散策して駆け足旅行だったが憧れのチェコの旅を楽しんだ。

プラハへ　カルロヴィ・バリ駅を早朝7時台のローカル急行でプラハへ出発

朝の急行列車
チェコ国鉄の371形電気機関車が牽く朝の急行列車

チェコ国内の景色を堪能。いかにも東欧らしい雰囲気の村や風景が続く

プラハ着　プラハ・ハルビニ（中央）駅に到着した列車。まず駅舎の時計台の塔屋が目についた

プラハ中央駅

プラハは塔屋建築で知られる。プラハ・ハルビニ駅も塔屋がシンボルの荘厳な造りの駅である。コンコースも美しい

Dresden《ドレスデン》 to《から》 karlovy《カルロヴィ》 Vary《バリ》
時刻表

ドレスデン中央 Dresden Hbf	発	10:05
ウースチー・ナド・ラベム Ústí nad Labem *乗り換え	着	11:18
	発	11:56
カルロヴィ・バリ Karlovy Vary	着	14:29

Karlovy《カルロヴィ》 Vary《バリ》 to《から》 Praha《プラハへ》
時刻表

カルロヴィ・バリ Karlovy Vary	発	7:42
プラハ中央 Praha hlavní	発	11:46

プラハのトラム

プラハ市内観光は路面電車と地下鉄が便利だ。プラハの路面電車は日本にもファンが多い

Dresden to Praha MAP

プラハの街

プラハは1000年以上の歴史があり町中が世界遺産。中世の街並みが美しい

建築の宝庫

「ヨーロッパの魔法の都」といわれるプラハはバロック様式、ロマネスク様式など様々な建築様式を見ることができる

The Flying Scotsman

フライング・スコッツマン

DATA

The Flying Scotsman

運行期間 1862年～

運行区間 ロンドン～エディンバラ

運転距離 632km

所要時間 約4時間37分

「フライング・スコッツマン」はロンドン～エディンバラ間をほぼノンストップで運転した。HST125は1976年に登場。私は1978年にHST125でヨークへ旅している。アールジー（Arlesey）駅近郊で撮影

IC125

HST125から後継のIC225に交代した「フライング・スコッツマン」。ロンドン郊外ウェルウィンノース（Welwyn North）駅で撮影

SLの世界速度記録を持つA4形機関車も「フライング・スコッツマン」の先頭に立った
（ヨーク鉄道博物館で保存）

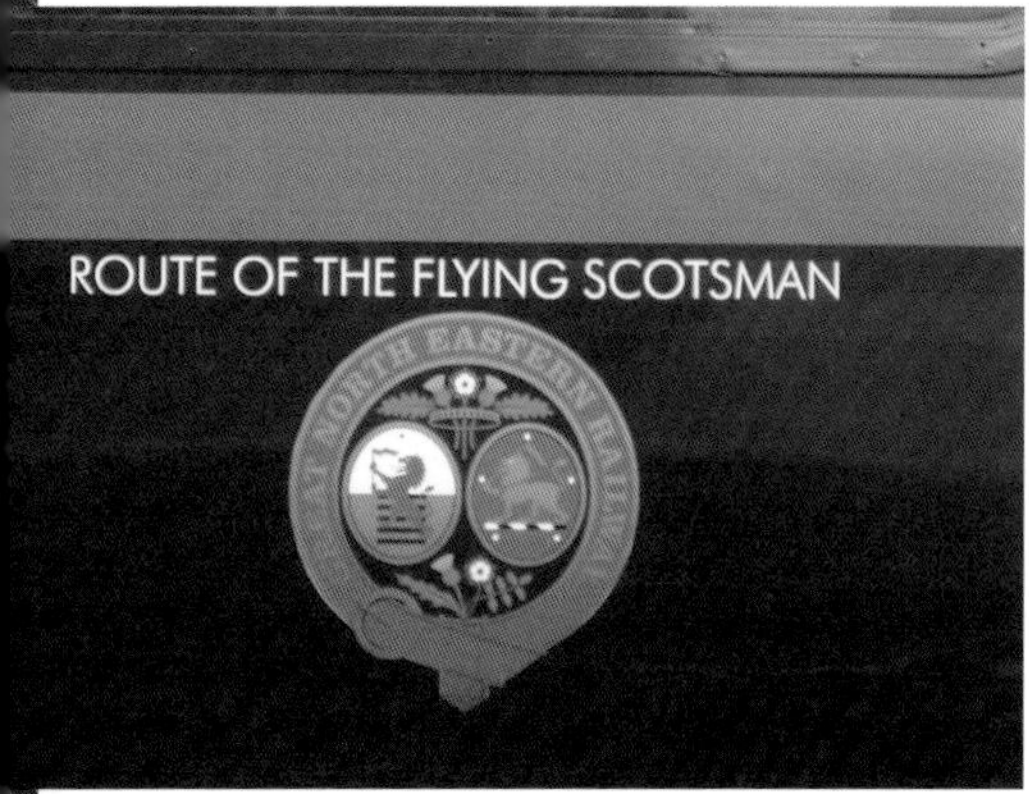

ロンドン〜エディンバラ間は「フライング・スコッツマン・ルート」と呼ばれるようになった

10:00 1862年以来、ロンドン・キングスクロス駅10時発車を長らく守ってきた

The Flying Scotsman《フライング スコッツマン》
時刻表

ロンドン・キングスクロス London King's Cross	発	10:00
ピーターバラ Peterborough	着	10:44
	発	10:44
ヨーク Newcastle	着	11:51
	発	11:52
ニューカッスル Newcastle	着	12:44
	発	12:45
エディンバラ Edinburgh	着	14:08

*この先グラスゴーまで直通運転

GNERの列車 民営化後のGNER（グレート・ノース・イースタン鉄道）の「フライング・スコッツマン」

キングスクロス駅
エディンバラ方面への列車が発着するターミナル

大英帝国の伝統を受け継ぐ歴史的フラッグシップ列車

鉄道発祥の国イギリスのフラッグシップトレインは何と言っても「フライング・スコッツマン」であろう。

１８６２年に運転を開始した、ロンドン〜エディンバラ間を東海岸本線経由で結ぶ伝統ある急行列車で、ロンドンのキングスクロス駅を午前10時きっかりに発車するダイヤを長年守り通した。第二次世界大戦中、ドイツの爆撃機やＶ１、Ｖ２ロケットなどが飛来する最中でもこの時刻を貫き、１９８２年のダイヤ改正で10時35分発となるまで続いた。

「フライング・スコッツマン」は常にイギリスを代表する列車であり、その時代の最新の車両が使用されてきた。１９７８年からは高速ディーゼル列車のＨＳＴ（インターシティ１２５）が投入されて最高速度２００ｋｍ／ｈでの運転となり、その

2等車
2等車は横4列の座席でシートピッチは狭かった

1等車　1等車は横3列のシートに大型のテーブルを備えている

食堂車に隣接してバーを兼ねた売店がある

食堂車の座席やテーブルはゆったりしている

The Flying Scotsman MAP

ティータイムを好むイギリス人はビスケットが朝食の定番

ヨーク駅
ヨーク駅はカーブした広い構内の駅で、鉄道博物館が隣接している

後1990年には東海岸本線の全線電化に伴い、電気機関車と客車編成のインターシティ225に置き換わった。

1994年にイギリス国鉄（BR）が民営化されると、再び伝統のキングスクロス午前10時発、エディンバラ午後1時発の列車として運行されるようになった。だが、2011年のダイヤ改正ではエディンバラ5時40分の列車だけが「フライング・スコッツマン」を名乗ることになり、長らく続いたロンドン発の列車は消滅してしまった。2019年8月からは、日立製の高速電車801形、800形によって運行されている。

私が初めてHST125に乗ったのは、1978年にヨークの国立鉄道博物館に行くためだった。この頃の「フライング・スコッツマン」は途中ニューカッスルに停車するだけの俊足列車だったため、ヨークへは別のインターシティに乗り、現地で

The Flying Scotsman

Special Trip

ヨークの「イギリス国立鉄道博物館」へ

マラード号　203km/hというSL世界最高速度記録を持つA4形「マラード」号

ヨーク駅ホーム
緩やかにカーブしたヨーク駅の構内。古い英国の鉄道を彷彿させる

鉄道博物館
入場無料で歴代の車両がほぼ動態保存され、本線とレールが繋がっている

0系
2001年に国鉄0系新幹線が保存された（資料写真）

APT
イギリス初の高速試験車APT（Advanced Passenger Train）も保存されている

「フライング・スコッツマン」の走りを撮影した。

初の乗車は民営化後 狭い座席にやや失望

初めて乗車したのは2000年9月のことだ。パリから国際高速列車「ユーロスター」でロンドン入りし、「フライング・スコッツマン」に乗った。車両は東海岸本線が全線電化されたため、電気機関車牽引によるインターシティ225に変わっていた。この列車は片方の先頭車が電気機関車、もう片方は同じデザインの制御車を連結したプッシュプル方式で、ドイツなどで「ペンデルツーク」といわれる、終着駅で機関車付け替えをせず済む客車列車というわけだ。

インターシティ225の最高速度は225km/hだが、実際の速度は信号系統の事情で200km/hに留まっていた。それでもスピードアップされたことで、列車はヨークなど

The Flying Scotsman Column

イギリス北部の動態保存蒸気機関車

スノードン登山鉄道

ウェールズ最高峰であるスノードン山の頂上まで7.5kmを結ぶラック式登山鉄道

ゴールデンアロー

ヨーク鉄道博物館に所蔵されている動態保存機はイベントで当時の客車編成で運転される

ノース・ヨークシャー・ムーア鉄道

イングランドのノース ヨークシャーにある保存鉄道。鉄道博物館から近いこともあり人気がある。近年では映画『ハリー・ポッター・賢者の石』のロケ地で、ホグワーツ特急がハリーたちを降ろす駅「ゴースランド駅」が有名になった

いくつかの途中駅に停車しても速達性を保っていた。HST時代の駅構内はディーゼルエンジンの爆音と排気ガスで悩まされていたが、インターシティ２２５に代わってからは駅構内にクリアな空気が戻ったようだった。

　新しい車両による「フライング・スコッツマン」に乗車した。他の欧州の国々ではユーレイルパスの特典で1等車利用だったが、パスが使えないイギリスでは2等車での旅となった。この座席が日本のL特急の普通車よりも狭く、両足を「くの字」に折り曲げたままの姿勢だった。そんな「フライング・スコッツマン」にはちょっぴり失望したことも事実であった。

シンプロン峠経由時代、ミラノ中央駅に停車中のVSOE。機関車はイタリア国鉄の古豪E645形。この編成には大いに魅せられた

Venice Simplon Orient Express

ベニス・シンプロン・オリエント・エクスプレス

DATA

Venice Simplon Orient Express

運行期間	1982年～
運行区間	ロンドン～ヴェネツィアなど
運転距離	ルートによる
所要時間	ルート・時期による

ロンドン発
VSOEの始発駅ロンドン・ビクトリア駅

ヘッドマーク
ホームで発車を待つ機関車にはVSOE専用機のエンブレムが掲示されていた

プルマンカー
ブリティッシュ・プルマン客車。それぞれ「アガサ（アガサ・クリスティー）」など著名人の名が付いている

Venice《ベニス》 Simplon《シンプロン》 Orient《オリエント》 Express《エクスプレス》 時刻表

イギリス		
ロンドン・ヴィクトリア London Victoria	発	11:55
フォークストン Folkston	着	13:15
	発	14:30
フェリーでフランスへ		
フランス		
ブローニュ Boulogne	着	16:30
	発	17:03
パリ東 Paris Ost	着	21:00
	発	21:40
スイス		
チューリッヒ Zurich	着	6:25
	発	6:45
オーストリア		
ザンクト・アントン St.Anton	着	10:31
	発	10:38
インスブルック Innsbruck hbf	着	12:10
	発	12:22
イタリア		
ヴェローナ Velona	着	16:25
	発	16:40
ヴェネツィア Venezia Santa Lucia	着	18:00

＊1990年代・オーストリア経由の時刻

豪華国際列車の代名詞 オリエント急行が復活

「オリエント急行」の初列車は1882年10月4日、パリ東駅からコンスタンチノープルに向けて出発し、81時間をかけて目的地に到着した。以後、オリエント急行は豪華国際列車として名声を高め、アガサ・クリスティの小説「オリエント急行の殺人」でもその名が全世界に知れ渡った。しかし、戦後は航空路の発達による上流階級の客離れでオリエント急行とは名ばかりの落ちぶれた列車になり、1977年5月に伝統のパリ～イスタンブール間の列車は姿を消した。

だが、かつての豪華寝台車を連ねたオリエント急行が、1982年5月に「ベニス・シンプロン・オリエント・エクスプレス（VSOE）」としてロンドン～パリ～ヴェネツィア間によみがえった。この列車はアメリ

ビクトリア駅のチェックインカウンター、すでに正装の紳士淑女が手続きを済ませる

まもなく発車　発車前のホームのひとときまるで映画のワンシーンを見ているようだ

ランチタイム

プルマンカーでのランチタイム。同じテーブルの美しい女性は……？

ランチはブリティッシュランチのコース料理を味わう

カの海運会社社長が競売などで買い集めたかつての客車を修復し、往時を思わせる豪華な車内に復元した観光列車で、現在はクルーズや高級ホテル運営などを手掛ける会社が運行している。

　私はこの列車に乗りたくて、運転開始早々の１９８２年、ミラノ経由の列車に乗車。さらに２００２年にはパリ東駅からインスブルック経由の列車に乗った。ここでは初乗車の際を中心に、２００２年乗車時の様子も交えて紹介する。

　１９８２年の乗車時は、はやる気持ちでロンドンに飛んだ。ヴィクトリア駅の専用ホームには赤絨毯が敷かれ、乗客たちはその通路をスチュワードに案内され英国伝統のプルマン客車に乗り込む。ロンドンから港町フォークストンまではブリティッシュ・プルマン客車内での豪華ランチが旅を盛り上げる。

ブローニュ　ドーバー海峡のフォークストンとブローニュ間はフェリーの特別船室で渡る。ブローニュ港に到着すると大陸を走るワゴン・リの寝台車が待っている

洗面台
コンパートメント内の洗面台。タオルなどVSOEブランドのアメニティを備える

ブローニュを旅立つ列車。「青きプリマドンナ」といわれた豪華客車だ

コンパートメントは昼は座席、夜は2段の寝台として使用される

個室内
ワゴン・リ寝台車のコンパートメント内

豪華寝台と食堂車を連ねた青きプリマドンナの編成美

　フォークストンからはフェリーの特別船室に乗船してドーバー海峡を渡り、フランスのブローニュ港に到着。ここでワゴン・リの客車を連ねた編成に乗り換えて大陸を走る。「青きプリマドンナ」といわれたワゴン・リ客車の編成には寝台車のほか、寄木細工のインテリアが豪華な「エトワール・デュ・ノール」、ルネ・ラリックのガラス装飾を散りばめた「コート・ダジュール」、黒い漆塗りの東洋風内装がシックな「ル・オリエンタル」と個性の異なる3つの食堂車があり、一流シェフが腕を振るう。

　パリから新しい乗客が乗り込み、夜のパリ東駅を発車するとディナータイムに入る。この日のメニューは、魚料理はスズキのムニエルにトマト、キャビア添え。アントレはフィレステーキ、付け合わせは温野菜とパイ

ディナー　パリからの乗客を迎え、2回に分けてディナータイムが始まる

食堂車の壁面には東洋風の寄木細工が豪華な雰囲気だ

ディナー用にテーブルをセッティング

前菜のアントレから、魚料理、肉料理、デザートまでオリエント急行ならではの料理が提供される

食堂車　ディナー中のダイニングカー。気品ある美しいワゴン・リの客車だ

包み、デザートはアイスクリームの野イチゴソース、チーズアラカルト、コーヒーまたは紅茶。夕食をすませると乗客はバーラウンジに集まる。

　日本人の私が入るとピアニストがすかさず目線を送り「上を向いて歩こう」を奏でる粋な選曲。スコッチを傾けていると私のリクエスト曲「ロシアより愛を込めて」が流れてくる。オリエント急行を舞台に００７ことジェームズ・ボンドが活躍する映画のメインテーマである。寝台車のベッドに入ったのは夜も更けた頃だった。

　朝、目が覚めると列車はスイスのモントルー付近を走っていた。朝食は予約した時間に合わせて個室に運ばれてくる。クロワッサンと塩味のドイツパン、バター、ママレード、苺ジャムにカフェオレまたは紅茶のコンチネンタル朝食だ。

ディナーが終わればバータイムの始まりだ

バータイム

バーサロンにはピアノがあり、各国ゆかりの曲が演奏される。私の場合は「荒城の月」だった。深夜まで酒宴は続く

朝、目覚めるとスイスからリヒテンシュタインを走行中だった

朝食は予約した時間にルームサービス。ランチやディナーが豪華なので、朝は簡素

チロルの山里を抜け旅もいよいよ終盤に

最初の乗車時は、スイスからシンプロントンネルを抜けてイタリアへと入ったが、1984年以降はオーストリア経由となった。国境のフェルトキルヒからアールベルク峠を越えるといよいよチロル地方に入る。インスブルックには正午ごろ到着し、機関車交換のため20分の停車。重連の機関車が連結され、イタリア国境の難所、ブレンナー峠に挑む。

ここでランチタイムを迎える。デザートのババロアを食べ終わった頃にはヴェローナに到着。VSOEの旅もあと1時間30分を残すのみとなり、サロンカーではすっかり仲良くなった乗客同士がシャンパンで別れを惜しんでいた。そしてヴェネツィア・サンタ・ルチア駅の最初のポイントを通過すると、長いホームにその優雅な姿をゆっくりと横たえた。

オーストリア経由の車窓。
列車はチロルの美しい風
景の中を走る

ランチ
インスブルックでランチタイムを迎える。
朝食が軽めでよかった(笑)

ティータイム
10時頃にティータイム。
紅茶がルームサービスされる

インスブルックでは約10分停車。イタリア国境の峠を越える
ため機関車は重連で牽引する

インスブルック　インスブルック駅に停車中。チロルの
山々にワゴン・リ客車が映える

ブレンナー　イタリア国境のブレンナー駅でイタリア国鉄の電機に交代

ブレンナー峠　イタリア国境にまたがる急勾配のブレンナー峠を越える

列車のクルーたち　ヴェネツィア・サンタ・ルチア駅には夕方に到着。列車クルーたちと別れを惜しむ

Venice Simplon Orient Express MAP

水の都　駅前の水上タクシー乗り場からホテルに向かう。ボンボヤージュ!

日本を走ったオリエント急行

富士山とワゴン・リ客車のコラボ。鉄道に詳しい人には「奇跡の光景」だといわれた。東海道本線沼津〜三島間　1988.12.1

横浜付近、取材で同乗中の筆者（左）。撮影：持田昭俊

ディナーではNOE自慢のコース料理が楽しめた

上野駅から北へD51形498号機が牽引した

ユーラシア大陸を横断しオリエント急行が日本に

VSOEとは別の会社が保有していた「ノスタルジック・オリエント急行（NOE）」が1988年、日本を走った。前代未聞のプロジェクトは、フジテレビ開局30周年のイベントとして企画され、JR東日本の特別協力などによって実現。「パリ発東京行き」は９月にパリからシベリア鉄道を経由し、さらに中国を経て日本に上陸した。

日本国内での走行にあたっては標準軌と狭軌の違いをはじめとする難問があったが、軌間の違いは台車交換によって解決し、1998年10月17日に広島から東京へ到着。その後北海道から九州まで日本各地を走り抜いた。この運行のため、JR東日本はD51形498号機を動態復元し、上野発のオリエント急行を牽引させた。

あとがき

苦難続きだったTEE乗車記発表の道

天夢人刊行の私の著書としては、初の〝海外モノ〟です。実のところを言えば、まず私がまずはじめに刊行したかったのが、今回のテーマであるTEEと欧州国際列車でした。

冒頭にも書いたように、私のヨーロッパ取材は、1980年代当時の鉄道雑誌には軽くあしらわれたものです。それでもなお最初に着目してくれた新聞社系出版社のグラフ誌、またドラえもん特番「藤子不二雄スペシャル ドラえもん・ヨーロッパ鉄道の旅」（製作・シンエイ動画・テレビ朝日）や、私の取材をベースとした映画作品『ヨーロッパ特急TEE』（東宝・大原豊監督・主演武田鉄矢）、に監修として参加させていただいたこと、このような経緯を経て、国内にもTEEの存在が知られるようになりました。

その後もヨーロッパ取材は続けてきましたが、しかし寄る年波には逆らえず、さらに蔓延したコロナ禍もあって取材はここのところ御無沙汰です。ただ私は、これからも取材を敢行したヨーロッパ鉄道の取材記を、またいつか発表したいと熱望しています。

昭和末期にあれほど我が国の鉄道愛好家が目を反らし続けてきた〝海外の鉄道〟に目を向けて下さったこの本の読者諸兄、版元である天夢人の〝勇気〟、校閲でお世話になった海外の鉄道に造詣が深い小佐野景寿さん、そしてポジフイルム写真をデジタルリマスターすることができた機器の発展には感謝の気持でいっぱいです。

この本の売れ行きが私のこれからの鉄道写真発表の励みになればと思っています。

2023年7月　南 正時

Profile

南 正時（みなみ・まさとき）

1946年福井県生まれ。アニメ制作会社勤務時に知り合ったアニメーター大塚康生氏の影響を受け蒸気機関車の撮影に魅了され、以後50年以上に渡り鉄道を撮り続ける。1971年に鉄道写真家として独立、以後新聞、鉄道雑誌、旅行雑誌にて撮影、執筆で活躍。勁文社の鉄道大百科シリーズをはじめとして著書は50冊以上を数える。鉄道のほか湧水、映画「男はつらいよ」がライフワーク。近著に『旅鉄BOOKS037　南正時の知られざる廃線』、『旅鉄BOOKS060　寝台特急追跡乗車記』、『昭和のアニメ奮闘記』、『旅鉄BOOKS066 急行列車追跡乗車記』（いずれも天夢人）がある。

参考資料

『TRANS EUROP EXPRESS』（ Dr.Frizz S töckl 1971）
『とんぼの本　オリエント急行』（新潮社）
『ヨーロッパ鉄道の旅』（日地出版・南 正時／著）
『エアリアガイド ヨーロッパ鉄道の旅』（昭文社・南 正時／著）
『Thomas Cook International Timetable March1980』
『Thomas Cook Continental Timetable』
『Thomas Cook European Timetable』
『National Rail Timetable』

編集
　真柄智充（「旅と鉄道」編集部）

編集協力・校閲
　小佐野景寿

ブックデザイン
　佐藤琴美（エルグ）

写真提供
　持田昭俊

資料提供・取材協力
　ルフトハンザドイツ航空
　ドイツ鉄道

デジタルリマスター
　南正時フィルムアーカイブス

旅鉄BOOKS 069

ヨーロッパ国際列車追跡乗車記

2023年7月26日　初版第1刷発行

著　者　南 正時
発行人　藤岡 功
発　行　株式会社天夢人
　〒101-0051　東京都千代田区神田神保町1-105
　https://www.temjin-g.co.jp/
発　売　株式会社山と溪谷社
　〒101-0051　東京都千代田区神田神保町1-105
印刷・製本　大日本印刷株式会社

◉ 内容に関するお問合せ先
「旅と鉄道」編集部　info@temjin-g.co.jp　電話 03-6837-4680
◉ 乱丁・落丁のお問合せ先
山と溪谷社カスタマーセンター　service@yamakei.co.jp
◉ 書店・取次様からのご注文先
山と溪谷社受注センター　電話 048-458-3455　FAX048-421-0513
◉ 書店・取次様からのご注文以外のお問合せ先
eigyo@yamakei.co.jp

・定価はカバーに表示してあります。

Printed in Japan
ISBN978-4-635-82521-4